女の子は「脳の見る力」を育てなさい

女の子の「心配事」の9割はこれで消える

「脳の学校」代表・医学博士
加藤俊徳

青春出版社

はじめに
―「外ではお利口、家では生意気」のワケは脳にある―

男の子よりしっかりしていて自立が早い、おしゃべりが上手で人の話をきちんと聞ける、落ち着いて静かに遊べる……。

このような理由から、「女の子は育てやすい」と思う人が多いようです。

たしかに、話を聞かない、落ち着きがない、危険な遊びばかりしたがる……という男の子に比べたら、女の子は手がかからずラクだ、と感じるかもしれませんね。

でも、それも小学生になる頃までのこと。

実は、本格的に集団生活が始まると、特有の「困り事」が見えてくるのが女の子。

しかも、男の子を育てる上で起こる悩みに比べて、**女の子を育てる際に起こる悩みや困り事は、問題の本質がわかりにくく複雑で、より対応が難しい……**という傾向があるのです。

私は、小児科医であると同時に、「加藤プラチナクリニック」で、脳を専門に診断と治療、そして発達相談を行《おこな》っている脳科学者です。ＭＲＩという装置を用いて脳を画像化し、その脳画像を独自の方法で詳細に分析することで、個人に合わせた脳の育て方や、脳のトレーニング法を指導しています。

そのクリニックへ、最近とくに「女の子の育て方」に悩んでいる親御さんがたくさん相談に来ているという事実があります。

・外ではお利口だけど、家ではワガママ
・生意気な口ごたえや言い訳が多い
・仲間はずれなどの友だちトラブルがよく起きる

このようなことが続き、親御さんが困ったり、イライラしたりしてしまうのです。

実は、女の子の子育てが難しい背景には**「見えない脳」**が隠れています。女の子は「見る力」が弱く、困った場面を「言葉」で切り抜けようとする傾向があるのです。

工作や外遊びより、習い事やお勉強を優先していませんか？

失敗しないように、何でも先回りして指示をしていませんか？

お母さん・お父さんがやりがちな、これらの子育ては、脳科学的には間違いです。

これでは、言葉の操《あやつ》り方ばかりが身につき、子どもの脳が伸びていく土台となる「自分の目で見て考える力」が育ちません。このままだと、脳はいずれ伸び悩んでしまいますし、困り事は増えるばかりで、親の抱えるストレスもなくなりません。

「子どもの脳の育て方」と一口に言っても、実際には男の子と女の子では、効果的な方法が違います。女の子は、女の子に合った育て方をしないといけないのです。

では、どうしたらいいのでしょうか？

答えは簡単。

女の子の「見えない脳」に親が気づいて、「見える脳」へ育てていけばいいのです。

見えない脳とは、「事物が目に映っていても、それを適切に理解したり、その情報を記憶してうまく処理したり、そこから想像したりできない脳のこと」を指します。

本書は、その「見えない脳」に早く気づき、適切な対応が取れるように、脳科学的に最もよいと思われる女の子の脳の育て方をまとめました。これを親御さんが実践すれば、「見えない脳」も「見える脳」へと簡単に変えることができます。

逆に、見えない脳のまま育ってしまうと、思春期に悩みを抱えたり、大人になってから仕事や対人関係でトラブルになることも多々あります。ですから、脳が成長しやすい子どものうちに、本物の「見える脳」を育てておくことが重要なのです。

女の子が「見える脳」を手に入れることができれば、困り事が減って子育てがラクになるだけでなく、女の子自身の将来も劇的に変わります。

自分の目で見て、さまざまな物事に臨機応変に対応できるようになり、人間関係もスムーズに。自信を持って、自分の足で、前向きに人生を切り開いていけるでしょう。

ぜひ、本書を参考にして「見える脳」を育て、子どもたちに、明るく希望に満ちた未来をプレゼントしてあげてください。

加藤プラチナクリニック院長／「脳の学校」代表　加藤俊徳

『女の子は「脳の見る力」を育てなさい』目次

第2章

編集協力　横山香織
本文デザイン　岡崎理恵
本文イラスト　あきばさやか
本文ＤＴＰ　キャップス

第1章

女の子の一生は「脳の見る力」で決まる

女の子を育てるのが、実はラクではない理由

男の子より成長が早くてしっかりしている、おしゃべりが上手で友だちと仲よく遊べる、人の話もきちんと聞くことができる……これが、よく見られる女の子の特徴だと思います。

ですから、子どもが小さな頃は「男の子より女の子のほうが育てるのがラク」なんていわれたりしていますね。

脳科学者で小児科医でもある私の元にも、子どもが小さいうちに相談に来られるのは、〝手がかかる男の子〟を育てる親御さんが圧倒的に多いです。

しかし、保育園や幼稚園で子どもが集団生活に少し慣れてくる5歳頃から、今度は女の子を育てるお母さん、お父さんの相談がだんだんと増えてきます。

「娘にイライラしてしまう」「母親の私は、同性だからわかると思っていたのに」「こ

のままでいいのか不安」などという声が聞かれるようになってくるのです。

相談内容をまとめてみると、次のような悩みが多いように思います。

「そうそう！」「あるある！」と思う方も多いのではないでしょうか。

【女の子を育てる中で起きる困り事】

- 口が達者で、言い訳や生意気な口ごたえが多い
- すぐ「できない」「無理」といい、失敗を怖がる
- 陰口や仲間はずれなど、友だちトラブルが起きがち
- よい意味でも悪い意味でもませていて、お母さんとは女同士でバトルになることも
- 意外に、お片付けや整理整頓が苦手
- 算数や運動などが苦手な子が多い傾向にあり、苦手なことはやりたがらない
- 強がっていたのに急にふさぎ込むなど、気分が変わりやすい
- 男の子よりも、心も体も複雑で対応が難しい

男の子を育てる上で起きる悩みは、「すぐにお友だちを叩いてしまう」「落ち着きが

ない」など、見てすぐにわかる行動に対するものが多いのに対し、女の子を育てる際に起きる困り事は、男の子に比べると複雑で、親御さんはどう接したらいいものか……と悩んでしまう傾向があるようです。

実は、そんな女の子特有の困り事の裏には、共通の原因があります。

それは、圧倒的な「脳の見る力」不足。

すべて、「脳の中の見る力が弱いこと」が原因なのです。

●口ごたえするのも、運動音痴なのも「見えていない」から

例えば、「口が達者で、注意したら口ごたえ、失敗すれば言い訳をしてくる」という悩み。

「ママだって○○やってないじゃない」などという口ごたえや、「○○とはいってない、××っていったの」などという言い訳に、カチンときたことのある親御さんもいると思います。

でもこれは、その子が素直じゃないとか、性格に問題があるわけではありません。

女の子は「脳の中のしっかり見る力」が弱いために、見たものから状況を把握したり、その場面を思い出したり、物事の背景を想像したりすることが苦手です。

ですから、見た状況から「どうして注意されたのか」「なぜ失敗したのか」が理解できなかったり、注意された場面を振り返れずに「私は悪くない」と思ったりします。

その代わりに「聞くこと」に関する脳の力は強いため、お母さんや周りの人の会話をまねして強い言葉で反論し、その場を切り抜けようとしているのです。

また、「お片付けをしたがらない」「整理整頓が上手にできない」という女の子も、実は多いようです。

これも、親のしつけや教え方がよくなかった、というわけではありません。

女の子の「広く周りを見て、想像する脳」がまだ育っていないために、もともとおもちゃなどを置いてあった場所が覚えられなかったり、「ここに置いたらきれいに収まりそう」と空間を見た上でイメージできないことが原因です。

さらに、女の子に多いのが、「運動音痴」「体育の授業を嫌がる」という相談。

これも、「生まれつき運動神経が悪いのかな……」と諦める親御さんが多いのですが、そんなことはありません。

小さいうちはとくに、「脳の見る力不足」が原因です。

「見て覚える力」が育っていないために、お手本を見て頭に入れ、その動きを再現するのが難しかったり、「目や体を思い通りに動かす力」が未熟なために、ボールなど動くものを目で見て追いかけ続けるのが苦手だったりするのです。

そう、**女の子を育てるときの悩み・困り事は、すべて「女の子がうまく見ることができていない」というのが原因**なのです。

脳の成長バランスが崩れている女性が増えている

女の子の多くが抱える「脳の見る力不足」は、今の困り事の原因になるだけでなく、これから続く長い人生にも大きな影響を与えます。

現在、女の子を育てている方は、将来子どもに幸せになってほしい、自信を持って自分の足で人生を歩んでほしい、と願っているでしょう。

そんな将来の姿について、私が日々診療を通して多くの方と会う中で、気になっていることがあります。

それは、**脳の成長バランスが崩れている女性が増えている**ということ。

脳のどこかが飛躍的に成長していることでバランスが崩れているのであれば、それは脳の長所となり、その人にとってよい個性となります。しかし、脳のどこかが未熟なまま残ることで脳全体のバランスが崩れていると、そのバランスの悪さは、さまざまな悩みの原因になるのです。

悩みの中でも最近、とくに多いのが、「自分に自信が持てない」「ネガティブ思考に陥りやすい」「楽しさや充実感を感じられない」という自己肯定感の低さに起因するもの。もともと日本人は自己肯定感が低い傾向にあるといわれていますが、とりわけ、男性よりも女性のほうが、それが顕著なようです。

いったい、どうしてなのでしょうか？

自己肯定感とは、「自分を好きであること」「ありのままの自分を認められること」「自分を信じられること」。生きていく上でとても大切な、心の根っこになるようなものです。仕事も、恋愛も、結婚も、子育ても、人生のすべてのことに影響を与えているのが自分の「自己肯定感」なのです。

この自己肯定感が低いと、自分に自信が持てず、チャレンジ精神や積極性が失われてしまいます。

例えば、褒められても素直に受け入れられず喜べなかったり、失敗を自分のせいだと思い込み、自分を責めてひどく落ち込んだりしてしまうのです。

現代の女性には、この「自己肯定感が低く、幸せ感情が乏しい人」が多くなっています。実は、ここには女性特有の「アンバランスな脳」が強く関係しています。

脳の中の「見る力」が弱いまま大人になり、脳の成長バランスが崩れてしまっていることで、自己肯定感が低くなり、幸せを感じる力も弱くなっているのです。

自己肯定感の低さは「見えない脳」が原因だった！

自己肯定感を高めるには、嬉しい・楽しい・面白い・愛されている、というようなポジティブな出来事、いい思い出を脳の中に積み重ねることが大切です。

そのときの感情が、幸せ・自信のベースとなり、その人の価値観や思考に大きな影響を与えるからです。

また、ポジティブな出来事を思い出すたびに、そのときの感動や喜びを味わうことができ、それを何度も繰り返すことで幸せな感情が脳に定着していきます。その結果、高い自己肯定感が継続し、脳もバランスよく成長しやすくなります。

ところが、脳の見る力が弱いと、出来事が「場面」として記憶に残りにくく、代わりに「言葉」の情報のみが記憶されがち。

例えば旅行に行ったときも、「あの雄大な景色を家族で見て感動した」という映像記憶ではなく、「あの景色をお父さんは○○みたいと例えていたなぁ」などと、言語記憶として残ることが多くなります。

すると、振り返ったときに、その場の雰囲気、一緒にいた人の様子や表情、自分の感覚や感情などを鮮明に思い出すことができず、幸せに浸ることができないのです。

さらに、脳の見る力が弱い女性は、目から集められる情報が少なく、その少ない情報から勝手に状況を判断してしまう、という傾向があります。

そのため、視野が狭くなり、物事から一歩引いて俯瞰で見ることができない状態に。

すると、何かよくないことが起きたり、嫌な言葉をいわれたりすると、その一点にとらわれてしまい、クヨクヨ考え、同じことでぐるぐる悩んでしまいがちになります。「本当にそうなの？」「他の可能性もあるんじゃない？」と視点を切り替えたり、多角的な見方をすることも難しく、ネガティブな思考回路から抜け出せなくなってしまうのです。これでは自己肯定感は低くなるばかりです。

●見る力が弱いと、幸せを感じられない脳になる

そして、もう一点、現代の女性について気になる点があります。

人間の脳の深部には、感情を生み出す中枢として「扁桃体《へんとうたい》」という部位があるのですが、実は扁桃体やこの周囲には、視覚情報に強く反応する細胞がたくさん存在しています。

つまり、人は「見ること」によって自然と、感情の生成に関係する扁桃体とその周囲を刺激しているのです。扁桃体が刺激されると、喜び・悲しみ・怒り・興奮・幸福感など、さまざまな感情・情動が生まれやすくなります。

ですから、**「見る力が弱い」ということは、「感情が乏しくなる」**ということにもつながるのです。感情が乏しくなれば、当然「幸せ」も感じることができません。

残念なことに、現代には「幸せ感情が乏しい女性」が少なくないのです。

脳の見る力が育っていないまま成長すると、このように、その後の人生にも大きな影響を与えてしまいます。

女の子の今現在の困り事を解消するためにも、そして、将来の幸せをプレゼントしてあげるためにも、「脳の見る力」を鍛え育てることが、何より大切なのです。

女の子は目で見ていても、「脳では見ていない」

そういわれても、うちの子は、赤ちゃんの頃はガラガラやメリーをじっと見ていたし、乳幼児健診で視力に問題があると指摘されたこともない……。

まさか、自分の子どもが「見る力が弱い」とは、信じがたいかもしれません。

しかし、「目が見えている」から、「脳でしっかり見えている」わけではないのです。

女の子の〝見えない〟は、「脳の中の見る力が弱い」という状態。

つまり、目から届いた内容を脳に届け、それを認識したり、残しておいたりする力が弱いということ。

「見る」という行為には、目だけではなく、脳も深く関わっているのです。

●人はどうやって物を見ているのか

まず、人間が「物を見るしくみ」についてお話ししましょう。

目の働きは、よくカメラに例えられます。

人間の目にある「角膜《かくまく》」と「水晶体《すいしょうたい》」がレンズにあたり、映像を焼き付けるフィルムにあたるのが、眼底にある「網膜《もうまく》」です。

網膜は、目に映った光を電気信号に変える役割を果たしています。

しかし、網膜で光を受け取っても、その時点では単に刺激（電気信号）を生じたに過ぎず、これでは未現像のフィルムのようなもの。電気信号が脳に届かなければ、物は見えません。

では、網膜からの電気信号はどうやって、脳の中で映像となるのでしょうか。

網膜からの電気信号は視神経を通り、左脳と右脳の外側膝状体《がいそくしつじょうたい》という部位へ送られ、さらに、視放線《しほうせん》を伝わって脳の第1次視覚野《しかくや》に送られます。この第1次視覚野で、目の前の光景が、スクリーンに投影された画像のように、上下左右など位置が確定した

〈目のしくみ〉

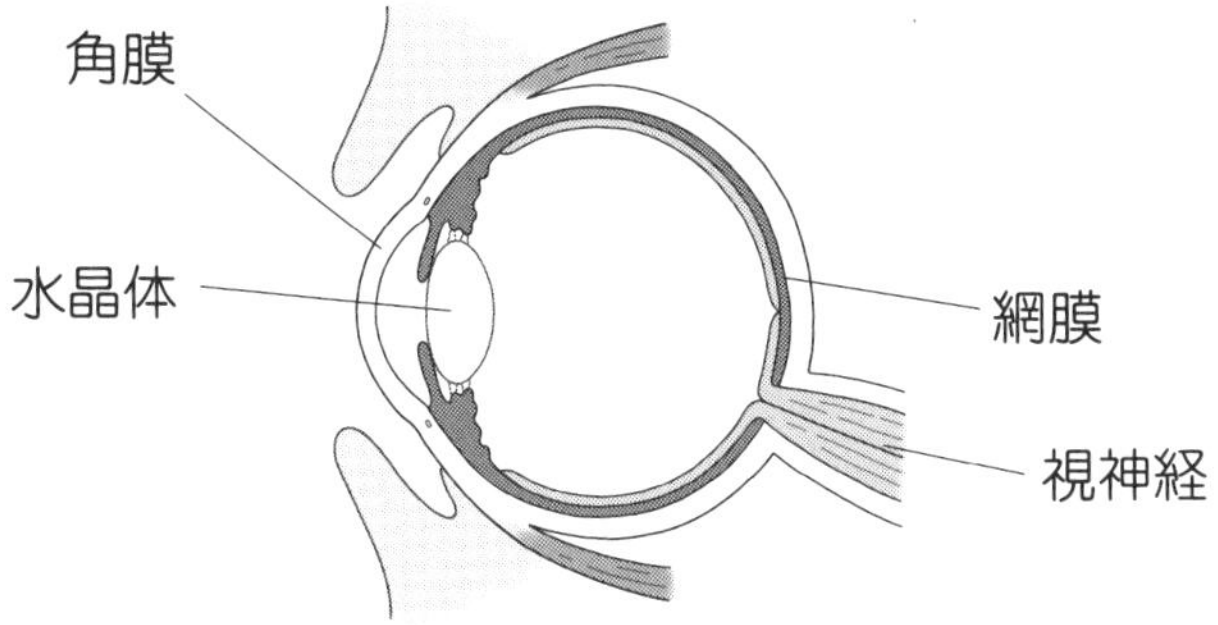

〈目と脳の関係〉

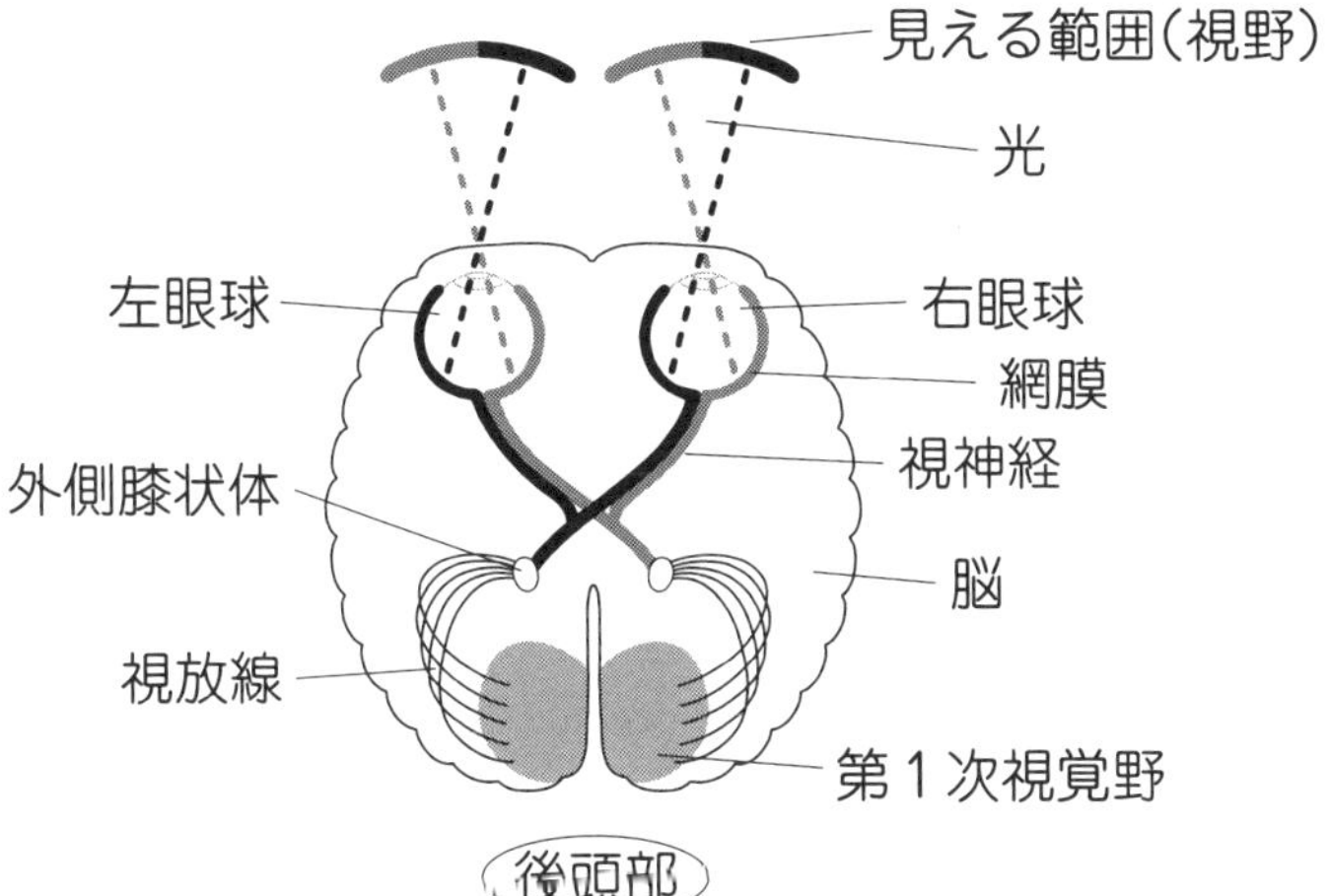

※頭を上から見た状態

画像（＝写真が現像された状態）となります。

そのため、網膜の一部が損傷していたり、電気信号が通る経路である視神経、外側膝状体、視放線、さらには第1次視覚野のどこかに傷がついていると、脳内の画像の一部が欠損してしまい、映らない（＝見えない部分がある）と認識されるのです。


さらに、これだけでは十分な映像となりません。

脳内の他の複数の部位が、網膜からきた電気信号を受けて、その色や形、動き、立体感、奥行きなどを認識し、意味づけしたり、理解したりするのです。こうして初めて、目の前の光景が、意味のある立体的な映像として認知されます。

これでようやく「よく物が見えた」となるわけです。

つまり、目は物を見るための感覚器ではありますが、目だけでは物を見るしくみは成り立ちません。

私たちが、目の前の物を見るためには、映像情報が眼球の網膜に映し出されたあとに、視神経によって脳に送られ、「脳で視覚情報処理をする」必要があるのです。

実際、だまし絵や、錯視を使った線・図形などは、ちょっとしたことが原因で脳が

〈眼球を動かす筋肉＝外眼筋《がいがんきん》〉

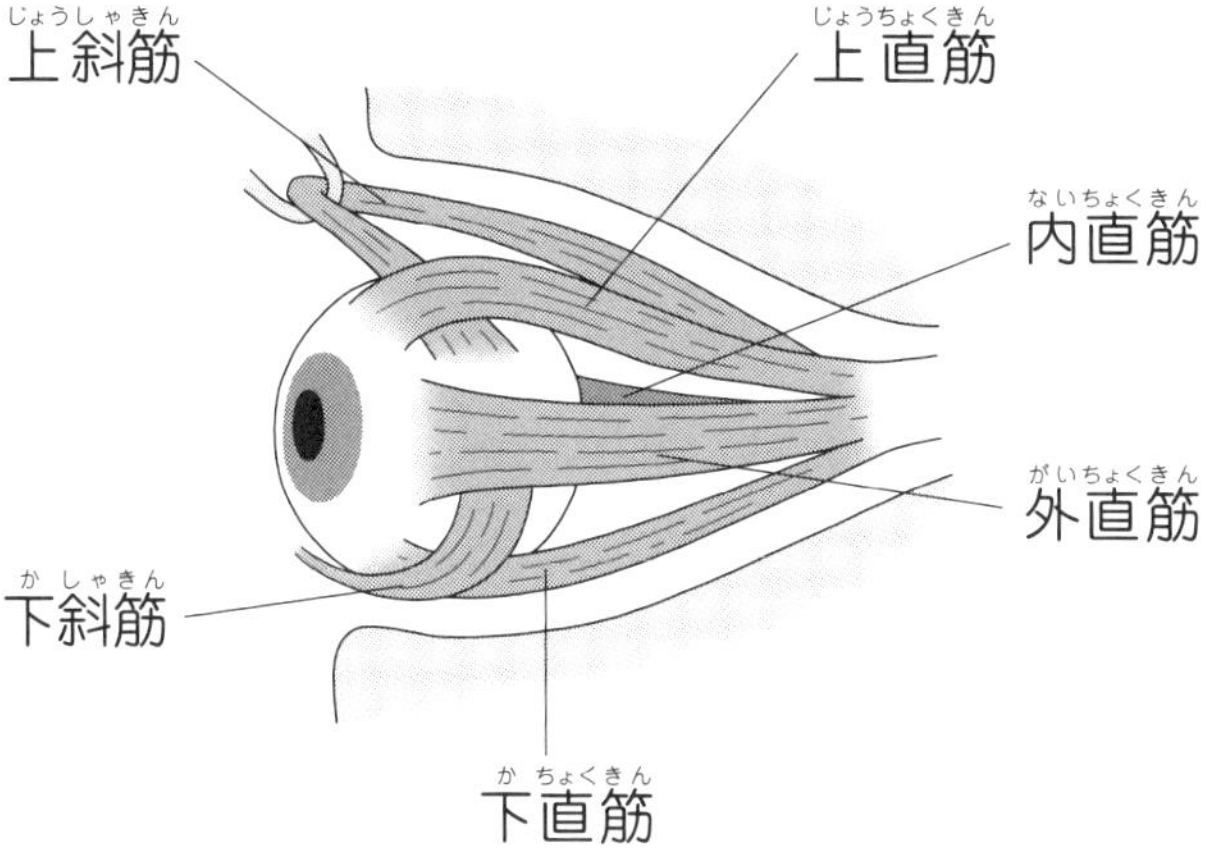

誤った判断を下し、実物通りに物が見えなくなっている（騙されている）状態です。

さらに、脳の病気になると「目は悪くないのに、よく見えない」という症状が起こることもあります。脳梗塞や脳腫瘍が原因で、眼球には映っているのに、脳内では認識されず、視野の半分が見えなくなったりする「半側空間無視」という症状が出ることがあるのです。

また、何に視線を合わせるか、左右の眼球をどう協調させて動かすかも、すべて脳が決めています。脳が、「眼球を動かす6つの筋肉」＝「外眼筋」を使って、制御しているのです。

もし、お子さんがスポーツなどをやっていて、「動体視力を上げたい（物を素早く見たい）」と思ったら、左右それぞれにある6つの外眼筋（合計12本の筋肉）を鍛え、眼球を素早く動かせるようにする必要があります。

「脳で見る」とは、いったいどういうこと？

先ほど、目の前の光景を映像として見るには、「脳の中の複数の部位」が、網膜からきた電気信号を受けて、それを認識し、意味づけし、理解する必要があるとお話ししました。この働きをする脳の部位を、「視覚系脳番地」と呼びます。

「脳番地って何？」と思われた方のために、順を追って説明していきましょう。

脳には、一千億個を超える神経細胞が存在していますが、さまざまな働きをする細胞がバラバラに存在しているわけではありません。同じような働きをする細胞同士が近くに集まって、脳細胞集団を構成しているのです。

そして、その脳細胞集団は、35ページのイラストのように「運動」や「記憶」など、担当する機能や働きによって、大きく8系統のエリアに分かれています。

私はその働きによって分けられたエリアのことを「**脳番地**」と呼んでいます。

8つの脳番地の詳しい働きは、次の通りです。

【情報収集や理解など、「インプット」を担当する脳番地】

◎聴覚系脳番地……耳で聞いた情報を脳に取り込む

◎視覚系脳番地……目で見た情報を脳に取り込む。前頭葉の視覚系は、見たいものを見るために、眼球へ指令を出すときにも働く

◎記憶系脳番地……情報をたくわえ、その情報を供給する

◎理解系脳番地……与えられた情報を理解し、役立つよう整理する

【思考や行動など、「アウトプット」を担当する脳番地】

◎思考系脳番地……何かを考えたり、判断するときに幅広く関係する

◎伝達系脳番地……コミュニケーションを通じて意思疎通を行う

◎運動系脳番地……体を動かすこと全般に関係する

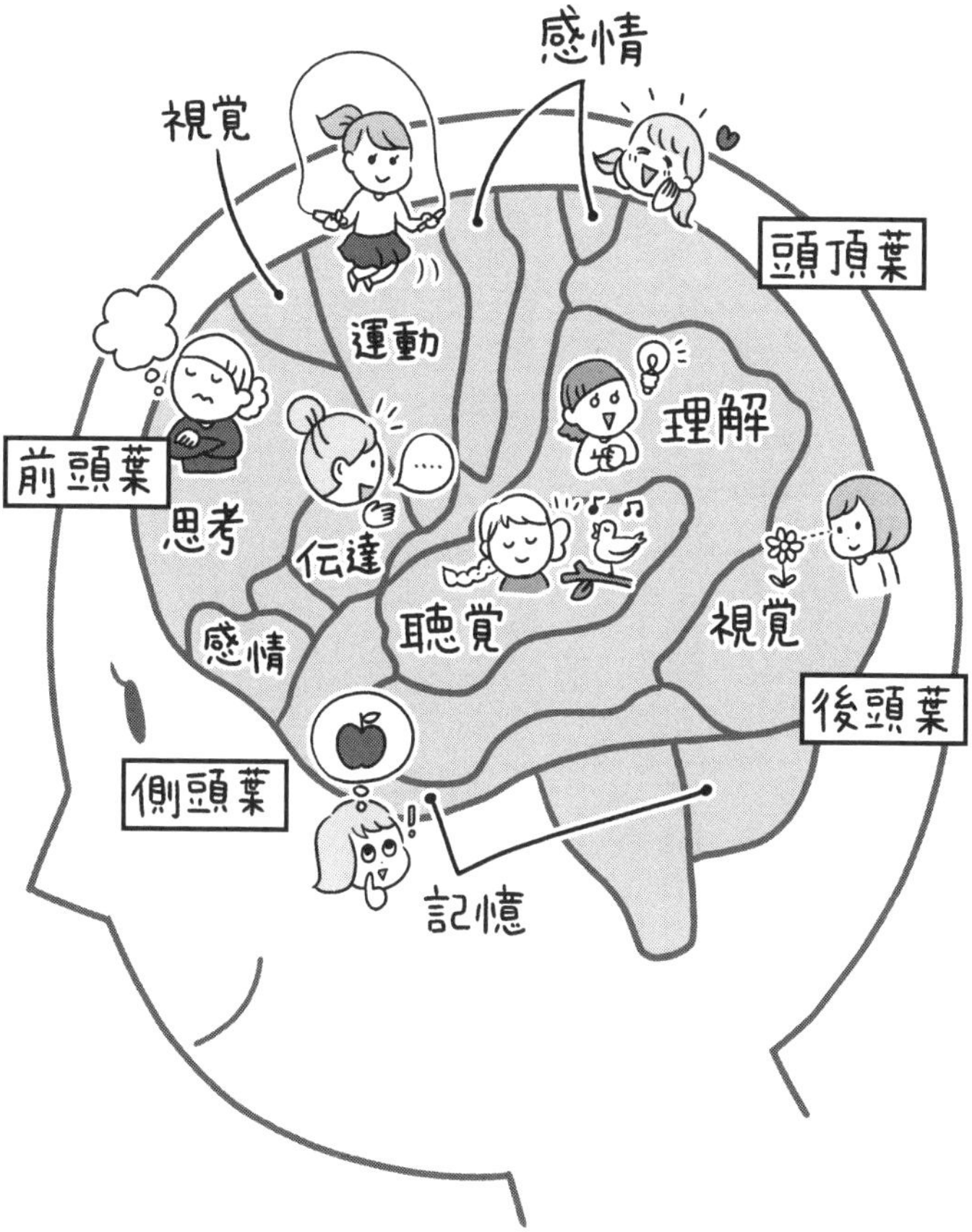
感情
視覚
頭頂葉
運動
前頭葉
理解
思考
伝達
聴覚
視覚
感情
後頭葉
側頭葉
記憶

【「インプット」「アウトプット」の両方を担当する脳番地】

◎感情系脳番地……喜怒哀楽などの感情を感じ取り、さらに、自分の気持ちを生成して表現する。運動系の後方に位置する感情系は、皮膚からくる感覚情報を処理し、その情報を元に働く。また、感情系などから抑制されて皮膚感覚が変わる。

視覚系脳番地は、物を見る働きを担っているのですが、さらにその働きによって、エリアが細かく分かれています。色を見分ける脳番地、動きを捉える脳番地、奥行きを捉える脳番地、図形によく反応する脳番地など、10種類ぐらいに細かく番地分けができるのです。

また、**視覚情報は、単純に視覚系脳番地だけで処理されるわけではなく、理解系、記憶系、聴覚系などのインプット系の脳番地と連携することで、その情報の精度が高まります。**普段何気なく行っている「見る」という行為は、しっかりできていれば、脳の広い範囲を使うことができるものなのです。

視野が広がると、使える脳番地の範囲も広がる

また、視野の広さも、脳と密接に関連しています。

子育ての本などで「子どもの頃は視野（見える範囲）が狭い」と解説されているのを見たことがある方もいるでしょう。

生まれたばかりの赤ちゃんは寄り目であることが多いのですが、これは目の前のおっぱいや、お母さんの顔など、近くだけを見ているからです。このとき脳は、視覚系脳番地の外側のほんの表面しか使われていないことが、研究によってわかっています。

そして、寝返りやはいはいなどをし、動けるようになると、真ん中に寄っていた黒目がだんだんと外へ開いていきます。

これは、自分の周りや遠くの物を見ようとし、眼球を動かすようになったため。このときから脳は、視覚系脳番地の内側、奥深くまで使われるようになっていくのです。

このように、視野は目を動かす筋肉の発達とともに広がっていくのですが、それは同時に広範囲に脳を使えるようになっている（発達が進んでいる）ことを表します。

ですから、手元のおもちゃやゲームの画面など近い範囲ばかり見ていると、脳の一部しか使われず、視野は狭いままになってしまいます。

外の景色や空など遠くの範囲まで見るようにすることで、脳が広い範囲で刺激され、視野がグンと広がっていくのです。

ちなみに脳の見る力が弱くなりやすい女の子は、どちらかというと、視野が狭くなりがち。

外で走り回ることより、かわいい小物やキラキラした光り物を使った遊びを好む女の子が多いのは、自分に近い場所や小さい範囲を見ることに慣れているからでもあるのです。

ただ見るだけでは、脳の見る力は伸ばせない

脳は基本的には「脳番地ごと」に成長していきます。

そのため、女の子に足りていない「見る力」を伸ばしたければ、「しっかり観察する」「空や遠くの景色を見て視野を広げる」「動いて場所を変え、いろんな角度から物を見る」など、視覚系脳番地を使い、育てることが大切です。

視覚情報をインプットする機会を増やし、視覚系脳番地を満遍なく育てていくことで、「脳の見る力」の強い女の子になることができます。

そして、視覚系脳番地を育てるときには、「ただ、目の前の物を見ればいい」というわけにはいきません。他の番地と連携させることが、視覚系脳番地を伸ばすカギとなります。

私たちが物を見るときは、単純に視覚系脳番地だけ使っているわけではなかったこ

とを思い出してください。
視覚情報の精度を高めるには、理解系、記憶系、聴覚系などのインプット系の脳番地も動かすことが大切です。そのため、視覚系脳番地と他の脳番地を連携させることを意識すると、「脳の見る力」はぐんぐん伸びるのです。

しかし、それだけではまだ十分とはいえません。

脳の見る力を伸ばすには、「アウトプット」も必要なのです。

ここでの**アウトプットとは、見たり聞いたりして脳に入れた情報（インプット）を元に、「考えて、行動すること」を指します。**

植木鉢に植えられた「しおれかけの花」を見たときに、どう考え行動を起こすかで、インプットとアウトプットを説明しましょう。

① 花を見て、「あ、花がしおれている」と情報を脳に入れる（＝インプット）

②「完全にダメになってしまう前に、どうにかしよう。水をあげたら元気になるかも

しれない」と考える

③じょうろで水をあげるという行動を起こす（＝アウトプット）

アウトプット（行動）を意識すると、インプット（見ること）が冴えます。

アウトプットとは、何か行動を起こすことなので、そこには「やりたいこと」があります。

やりたいこと、つまり、「目的」を持っていると、そのために必要な情報をより多く、より正確に集めようとするのです。

例えば、「目の前に広がるきれいな海を、上手に絵に描きたい」と思ったら、ぼんやりと海を眺めませんよね。できるだけ、きれいに絵が描けるように、波はどんなふうに立っているか、海の複雑な色はどうやって表現したらいいか……。海を、よりしっかりと見るでしょう。

能動的に、つまり、「見たい」と思って見ると「見る力」は飛躍的に伸びます。

「見たい」「やりたい」が、脳のネットワークを強くする

また、子ども自身が、

「ボール投げが上手になりたい」

「かわいいものをじっくり見たい」

「上手に絵を描きたい」

「見たことを、お友だちに正確に伝えたい」

など、アウトプットに対して、自主的・意欲的になると、視覚系脳番地と、運動系・伝達系・思考系・感情系の脳番地とのネットワークがより強化されます。

逆に、これらとの結びつきが弱いと、ネットワークが強化されないどころか、「見

ること自体に興味が湧かない」ということが起こります。

興味を持てないと、挑戦する機会も減っていくので、「しっかりと物を見ること」はいつまでもできません。

脳の見る力を育てるというと、「どうやってよく見ればいいのか」だけを考えればいいように思いますが、実はそれだけでは、見る力は伸びません。

見る力を育てるには、最終目的である「アウトプット（行動）」を意識することが大切なのです。

なぜ女の子の脳は「見るのが苦手」になってしまうのか

今まで「見ること」と「脳」の関係をお伝えしてきましたが、「どうして女の子は、『脳の見る力』が弱くなってしまうの？」と、疑問に思われる方は多いと思います。

男の子と比べると、女の子は「見ること」がかなり苦手になるのですが、実はそれは、男女の脳の発達の仕方の違い、またそのことに対する親や周囲の関わり方が強く影響しているのです。

●海馬の成長が早いために、見ることがおろそかに

基本的に生まれてすぐの子どもの脳に男女差はありません。

しかし、生後1年を過ぎ、単語を話し始める時期になると、「言語発達」という点で、

男女の差が少しずつ現れてきます。

女の子のほうがおしゃべりで言葉の発達が早い……これは昔からいわれていることでしたが、その原因を調査した結果、ある1つの事実が判明しました。

それは、**記憶系脳番地に存在する「海馬」という部分の発達だけ、女の子のほうが早い、**ということ。

海馬は、日常的な出来事や勉強して覚えた情報などを一時的に記憶し、保存を手伝う脳の部位です。

ですから、ここの発達が早いと、周りから聞いたことが頭に残りやすくなります。

だから女の子は、小さな頃から人の話をしっかり聞けたり、おしゃべりが上手だったりするのです。

こうして、言語能力が高くなった女の子は、覚えたばかりの言葉を使いたがるようになり、お友だちやお母さんと積極的にお話ししたり、手遊び歌などの「言葉を使った遊び」を好んで行うようになります。

脳には、使えば使うほど成長するという特徴があります。そのため、話をしたり、手遊び歌などをすればするほど、言葉を聞くときに使う「聴覚系脳番地」がどんどん発達していくのです。

ただ、子どもの脳はまだ成長途中の未熟な状態のため、2つ以上の脳番地を同時にうまく働かせることができません。

ですから、女の子の場合は「聴覚系脳番地」が優位に働いているときに、そのまま、お母さんやお父さんが工夫して働きかけないでいると、その他の脳番地はほぼ働かず「おやすみ状態」になってしまいます。

とくに、物や場面を見るときに使われる「視覚系脳番地」は、働きにくくなるのです。

つまり、**得意な「耳」で忙しく情報を集めている状況が増えれば増えるほど、目は働かない（＝よく見えていない）場合が多くなる**、ということ。

そのため、女の子は、聞こえる言葉、おしゃべりの内容に注意が向くばかりで、人の表情やしぐさ、状況をしっかり見ていない、ということが多くなりやすいのです。

●左脳が発達しすぎて、右脳が育ちづらい!?

また、脳のつくりとして「右脳」と「左脳」という言葉を一度は耳にしたことがあると思います。右脳が発達すると肌感覚や空気を読む力、想像力などの非言語能力が主に鍛えられ、左脳が発達すると読み書きなどの言語能力が鍛えられます。

通常、子どもの脳は右脳から発達を始め、そのあとを追って左脳が発達をします。とくに言葉の話せない赤ちゃんは右脳を活発に働かせます。温かい、寒いなど言語にならない感覚的な情報を懸命に吸収しているのです。

見る力を司る「視覚系脳番地」でも、右脳と左脳では働き方が違います。

・右脳の視覚系脳番地＝人の顔色や表情、その場の状況や空気を読み取る
・左脳の視覚系脳番地＝文字を読む、イメージを言語化する

女の子の場合、問題となるのは「右脳の視覚系脳番地」です。

本来なら、子どもが小さいうちは外遊びなどを通じて右脳の視覚系脳番地を育てる時間がたくさんあるのですが、女の子は男の子に比べて、室内でおとなしく過ごすことが多くなりがちです。

聞き分けがよく話が聞けることもあって、室内で習い事に勤しんだり、部屋でゆっくり読書をしたり……と、インドアな活動に偏ってしまうことが、少なくないのです。

そのため、外で走り回ったり、虫とりをしたり、ボールを追いかけるような、アウトドアでの遊びをたくさんする男の子より、右脳の視覚系が発達しづらい傾向があります。

しかも、最近は入学前から文字を教えたり、幼いうちからＩＴ機器の使い方をマスターさせたり、幼少の頃から左脳を鍛える教育が主流になってきています。

これが右脳を使う大事な時間を奪っています。

実は、子どものうちに右脳が育たないまま左脳を鍛えてしまうと、脳の主軸が左脳に大きく偏り、その後の人生で右脳が育ちにくくなることが多いのです。

言葉の処理ばかりが得意で、言葉以外の情報が処理できない脳に成長してしまいます。

2〜3歳の女の子が言葉を器用に操ると、周囲は「頭がいいね」「賢い子だね」とプラスに評価するでしょう。

言葉がスムーズに出たり、お話上手なことはよいことですが、そればかり褒めすぎると、女の子は「褒められること」を心地よいと思い、言葉の情報ばかりを使うようになります。

結果として、左脳の視覚系脳番地が発達し、右脳の視覚系の働きが弱くなってしまうこともあるのです。

このように、**女の子が「見ること」が苦手になっていく背景には、「お話が上手」「言語能力が高い」という一見、よいと思われる脳の働きが関わっている**のです。

才能が開花するかは、見る力で決まる

女の子がよく見えないのは、「聴覚系脳番地が早くに発達してしまい、視覚系脳番地があまり使われないから」ということをお伝えしました。

しかし、親御さんの中には、「見る力が弱くても、聞く力が高いからいいのでは？」「言語発達がしっかりしていれば問題ない」と考える方もいらっしゃるかもしれません。

それでも私が「脳の見る力を育てるべき」というのには理由があります。

「脳の見る力」は、女の子の脳全体に影響を及ぼし、脳を〝あと伸び〟させてくれる大切な「土台」となるからなのです。

幼児から小学生の時期は、「脳の基礎力」をつくる時期です。「脳の基礎力」とは、自分の目や耳で情報を集めた上で、それらを分析し理解する力。それが、中学生以降に伸びる、「考える力」や「行動する力」の元になるのです。

女の子は言語能力が高いため、どうしても言葉に頼りがちになりますし、周りの大人もそれをよしとすることが多くあります。

しかし、いったん「言葉」に頼って情報を集めるようになると、目の前の出来事や物事、状況から、「自分の目で」情報を集めたり、それを分析する力は、なかなか成長しにくくなります。

「聞く力」があり、一見しっかりしているように見える女の子こそ、意識して「脳の見る力」を育て、言葉だけに頼らない情報収集力や理解力を高めてほしいのです。

「見る力」が脳全体の成長を促していた！

また、人間は周りからのさまざまな情報を五感（視覚・聴覚・味覚・嗅覚・触覚）でインプットしていますが、実にその8割は目（視覚）から取り入れているのです。

そのため、視覚系脳番地が育つと、目からたくさんの情報が入りやすくなります。

そのインプットされた情報を材料として、他のさまざまな脳番地も働き出すのです。

まず、記憶系脳番地が働き、目から入ってきた情報を必要なときに思い出せるよう正しくストックします。その後、理解系脳番地が働き、入ってきた情報を分析・理解。そこから思考系脳番地で考えたり、感情系脳番地で感じたりして、最後に、伝達系脳番地・運動系脳番地によって、「話す」「書く」「動く」など何らかの反応を示し、今度は自分から情報をアウトプットするのです。

また、脳番地は他の脳番地とネットワークをつくって一緒に働くことで、強化されることもわかっています。

きちんと見られるようになり、「見ながら動く」「見たものを書く（描く）」「見て判断する」などの行為ができれば、さまざまな脳番地を協力して使うことができ、脳内のネットワークが強化され、さらに各脳番地自体も大きく成長していくのです。

●脳のバランスが整うと、伸びしろができる

子どものうちはできるだけ、「脳の弱点をなくし、脳全体をバランスよく成長させること」も大切です。

診療に来てくださった方に対して、また、講演会で話すときにも、私はよくこのひと言をお伝えしています。

単純にバランスがよいだけで、特徴が見えない脳では、たしかにつまらないかもしれません。聞く力がずば抜けているとか、記憶力がケタ違いに高いとか、そういった脳の特徴があるからこそ、その人の個性が出て、さまざまな能力も発揮できます。

しかし、何事も土台がしっかりしていなければ、その上に「特別な力」を伸ばしていくのは難しいでしょう。

子どもの頃に育ったバランスのよい脳が土台となるからこそ、脳の中の強い力がメキメキと成長していくのです。

女の子でいうと、脳の弱点は、見る力を司る「視覚系脳番地」。
ここを強化することで、バランスのよい脳が育ちます。

では、脳のバランスが整わないと、どんなことが起きるのでしょうか？

実は、子どもの頃に脳のバランスが悪いと、その後の脳の成長にも少なからず影響が出てくることがわかってきました。

苦手なことは一切やらなかったり、コミュニケーションが上手に取れなかったり自己肯定感が著しく低いような偏った脳に育ってしまう可能性が高く、さらに学力が伸び悩むなど、いわゆる「あと伸び」する伸びしろのない子になりやすいのです。

小さいうちに脳の弱点をつくらないことは、脳をバランスよく育てることだけでなく、脳にさまざまな「伸びしろ」をつくることでもあります。

脳に伸びしろがあれば、アウトプット力を支える前頭葉が発達してくる10歳以降は、勉強、スポーツ、芸術など、いろいろな分野で才能が花開いてくるでしょう。

第2章

脳の見る力は気づかないうちにどんどん弱くなる！

「見えていないかどうか」は、判断しづらい

男の子を育てるときに生まれる悩みは、お友だちをすぐに叩いてしまう、落ち着きがないなど、周りから見て、すぐにわかる行動に対するものが多いのに対し、女の子を育てる際の悩みは、外には見えにくく複雑です。

女の子の子育ての悩みの原因は「脳の見る力が弱い」ということですが、この事実の難しいところは、**本人も、周囲の大人たちも、「子どもが見えていないことに気がつかない」**ということです。

まず、女の子自身はその状態でずっと生活してきている上、他の人の見え方との比較ができないため、見る力が劣っている・見え方が偏っている、ということに気がつくことはできません。視力に問題がない場合は、なおさらです。

そして、女の子は人の話をきちんと聞けるので、学習面で困ることがほとんどありません。持ち前の「聞く力」を発揮して、授業や習い事もそつなくこなしていきます。男の子の「聞く力の弱さ」は、授業についていけなかったり集中できなかったりして、わかりやすく判断できるのですが、女の子の「見る力の弱さ」は、パッと見ただけでは気づかれず、わかりにくいのです。

また、見えていないような出来事が起こっても、高い言語能力でカバーし、実態を隠してしまうのも女の子の特徴。

例えば、片付けが苦手な女の子に「ちゃんと使ったら片付けよう」というと、「お母さんも前に使ったペンを片付けてなかったから、私も同じようにやってるだけ」といい返してきたり、ワガママやいじわるを指摘しても「私は何もしてない、○○ちゃんだってやってたよ」と認めなかったり、算数や理科のテストができなくても「こんなの習ってない」「今回テスト勉強してないし」と反論したり……。

女の子は口が達者で、記憶力も高いので、何かトラブルがあっても、それをうまくカバーしたり、隠してしまいます。

その結果、「見えていないかどうか」、判断するのが難しくなってしまうのです。

しっかりしている子ほど「見えない脳」が隠れている

実はもうひとつ、女の子の「脳の見る力の弱さ」に親が気づきにくい理由があります。
それは、**賢い子・お利口さんな子ほど「見えない」ことが多い**、という事実です。

人間の脳は、右脳の後ろ側から発達することがわかっています。言葉の話せない赤ちゃんや子どもは右脳を活発に働かせて、目で見たり、肌で感じた非言語の外部情報を収集していきます。その後、多くの人と触れ合ったり、本に親しんだりする中で、言葉による情報を取り入れ、言語脳である左脳を発達させていくのです。

この順番を無視して、早くから文字を覚え、左脳が先に発達してしまうと、右脳が成長する「旬」の時期を逃してしまうことになります。

女の子は男の子に比べ、記憶系脳番地にある海馬や、聴覚系脳番地の発達が早いので、人の話をよく聞けて、おしゃべりも上手です。すると、周りの大人は喜んで、幼い頃から読み書きを教えたり、本を読んだり、会話をしたりするので、言語能力がますます発達し、みるみる言葉を記憶して左脳が急成長します。

そうすると、見る力を司る視覚系脳番地でも、左脳側（文字を読む）の発達ばかりが進み、右脳側（画像・映像を見る）の発達が置き去りにされてしまいます。

これでは、子どものうちに育てたい「見て理解する」「見て感じる」という大切な脳の力が伸びないままになってしまうのです。

「いい子」だから、見えないことに気づけない

ただ、言葉をうまく操れる女の子は、きちんと話が聞けて、聞き分けもよく、ハキハキ話せるので、一般的にはよい子、育てやすい子といわれるでしょう。

とくに小さいうちは、見る力が弱くても、聞く力があれば困りません。小学校では授業も聞けて、勉強も得意になり、受験にも受かるでしょう。

本人も何不自由なく生活しているので、そんなに懸命に見る必要性がない、だから見る力も伸びない……。こうして、お利口さんな女の子ほど、「見えない脳」が隠れている場合が多いのです。

それが、見えない脳の早期発見を難しくしている原因でもあります。

また、視覚系脳番地の右脳側をあまり使わない女の子は、言語能力の発達により、活字中毒になりやすい傾向があります。

絵本も漫画も文章で理解するようになったり、休み時間も外で遊ばず本を読むようになったり……。すると、より一層見る力は弱まり、女の子の「見えない脳」は進んでいってしまうでしょう。

まさに**「見る力が弱い」のは、〝賢い女の子の盲点〟**ともいえるのです。

女の子の「見る力の弱さ」は脳の成長に問題を引き起こす

見る力が弱いというと「視覚系脳番地」が単独で弱いと思われそうですが、実は女の子の見る力の弱さには、他の7つの脳番地も関係します。そして、そのタイプは

・インプット（脳に情報を入れる）が苦手で、そもそも「見えない」タイプ

・アウトプット（脳から情報を出す）が苦手なために、「見ない」タイプ

この2つに分けられるのです。もちろん、両方の特徴を持っているお子さんもいるでしょう。こうなると、脳の見る力がかなり弱いことになります。

ここからは、脳の見る力が弱い女の子の事例を、7つの脳番地と絡めながら、より詳しく見ていきましょう。見る力が弱いと他の脳番地にどんな問題や影響が出るのかも合わせて紹介していきます。

●インプットが苦手な「見えない脳」5つのタイプ

インプットとは、目や耳を使って情報を集めて、脳に入れること。

インプットが苦手で「見えない」とは、言葉の通り、視覚系の情報を目で集めることが苦手ということです。

とはいっても、この場合も単純に「視覚系脳番地だけが使えない」わけではありません。

次のページのイラストのように、インプットを担う他の脳番地（理解・記憶・聴覚・感情）と視覚系脳番地との連携が悪かったり使えなかったりして、見えない、イメージできない、見たものを頭に残せないなどの問題が起きるのです。

5つのタイプを、順番に説明していきましょう。

インプットが苦手で見えない「5つのタイプ」

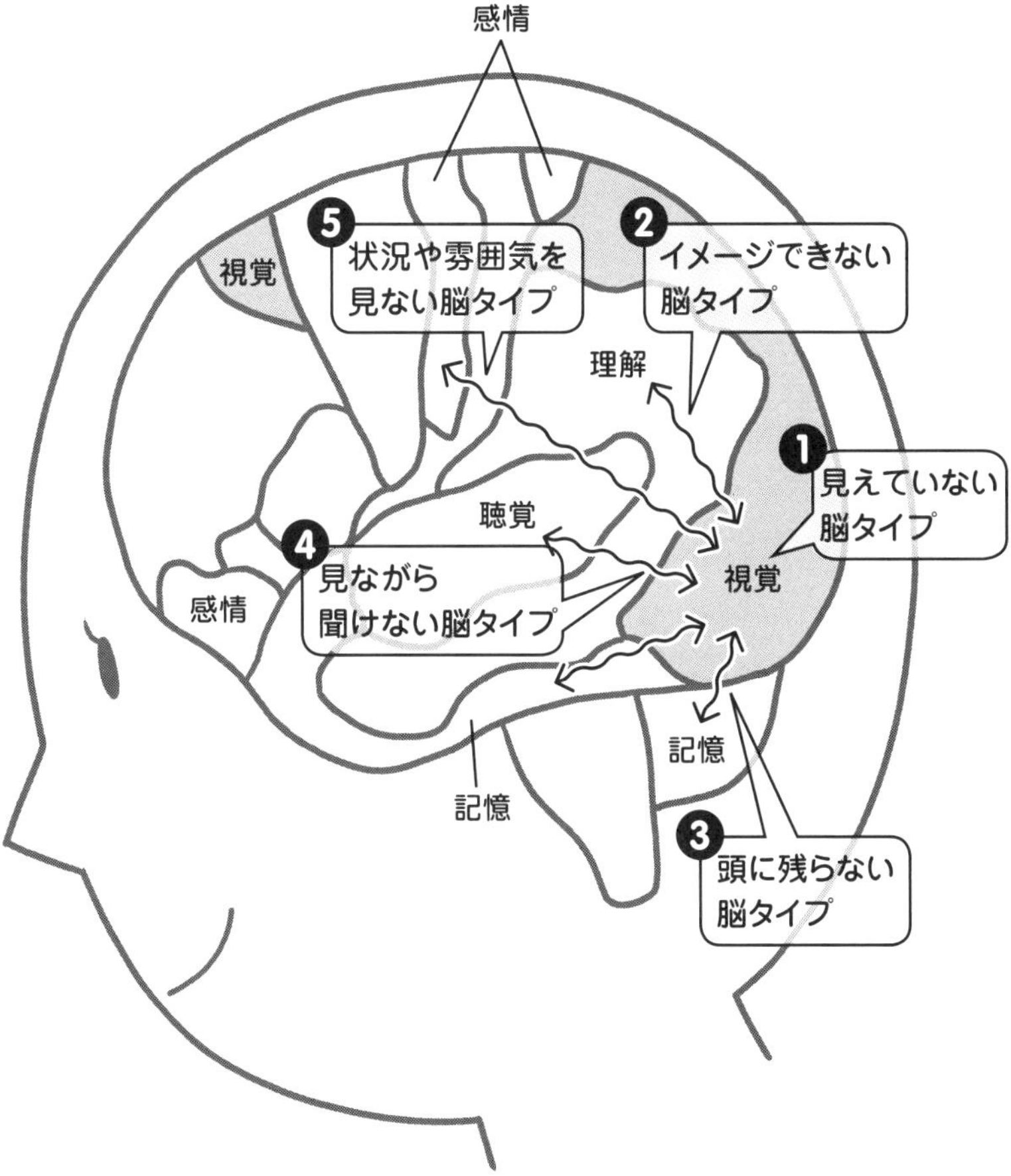

←〜〜→このつながりが弱かったり、使えていない！

①「見えていない」脳タイプ＝視覚系脳番地が未発達

【主な特徴】 視力が弱い、近くばかり見ている、見える範囲が狭い

このタイプは、**見ること自体が苦手で、視覚系脳番地が発達していません。**

視覚系脳番地は、脳の中の2カ所に存在しています。脳の後ろ側にある視覚系脳番地は〝受動的にありのままを見る〟場所、脳の前側にある視覚系脳番地は〝能動的に見たいものを見る〟場所。

そして視覚系脳番地が未発達という場合は、たいてい脳の前側の場所の成長が遅れていることを指します。

この能動的に見る部分は、見たいものを見るための「眼球運動」にも深い関わりがあります。ここの働きが弱いと、眼球がうまく使えず、上下左右に視線をスムーズに動かしたり、遠近に素早くピントを合わせたりするのが苦手になるのです。

とくに女の子は、視野を広げて、遠く・広く見ることができない傾向にあります。

普段から手元や近くばかり見ていて遠くの空や風景を見ていなかったり、見えている範囲が狭くて人や物によくぶつかったりする女の子はこのタイプでしょう。

また、この能動的に見る脳が未熟だと、注意深く見る力や、見て気づく力なども弱くなりがち。教科書に書かれた大事な数字や記号を見落としてしまうことが多い場合は、この視覚系脳番地の働きが弱い可能性があります。

さらに、このタイプには視力が大きく関係しています。

視力が低下しているのに、メガネで矯正を行っていなかったり、弱視だったりすると、視覚系脳番地に適切な刺激が届かないため、視覚系脳番地の発達が遅れます。また、運動不足でもこのタイプを助長します。体を動かすときには、想像以上に目を動かし、使っているからです。

②「イメージできない」脳タイプ＝視覚系・理解系脳番地が未発達

【主な特徴】物事の理解が進みにくい、地図が読めない、算数が苦手、片付けが苦手

このタイプは、周りからは「見ているように見える」のに物事の理解が進まない子に多く、両親も、なぜ子どもが理解ができないのか悩んでいることが多いです。
視覚系と理解系は、67ページのイラストのように**「背側《はいそく》視覚ルート」**というルートでつながっていますが、このタイプの女の子は、このルートが弱く、十分に使えていません。

視覚系、理解系の2つの脳番地が連携することで、見たものをより深く分析し、理解することができます。それによって、図や記号の意味を理解したり、空間認知をしたり、状況を把握することができるのです。そのため、この視覚系と理解系のつながりが不十分だと、観察力が育たず、見たものを理解したり、目で見て状況を適切に把握したりすることがうまくできません。

また、視覚系と理解系をつなぐ背側視覚ルートは、地図を見ながら目的地に行くというときにも働くので、このタイプの女の子は、地図が読めないことも多くあります。

さらに、この脳タイプは、頭の中でイメージとして物体を回転させる**「メンタルローテーション能力」**も低くなりがち。そのため、算数の図形問題が苦手だったりします。いずれも、視覚系と理解系のネットワークが弱く、イメージする力が足りないことが原因なのです。

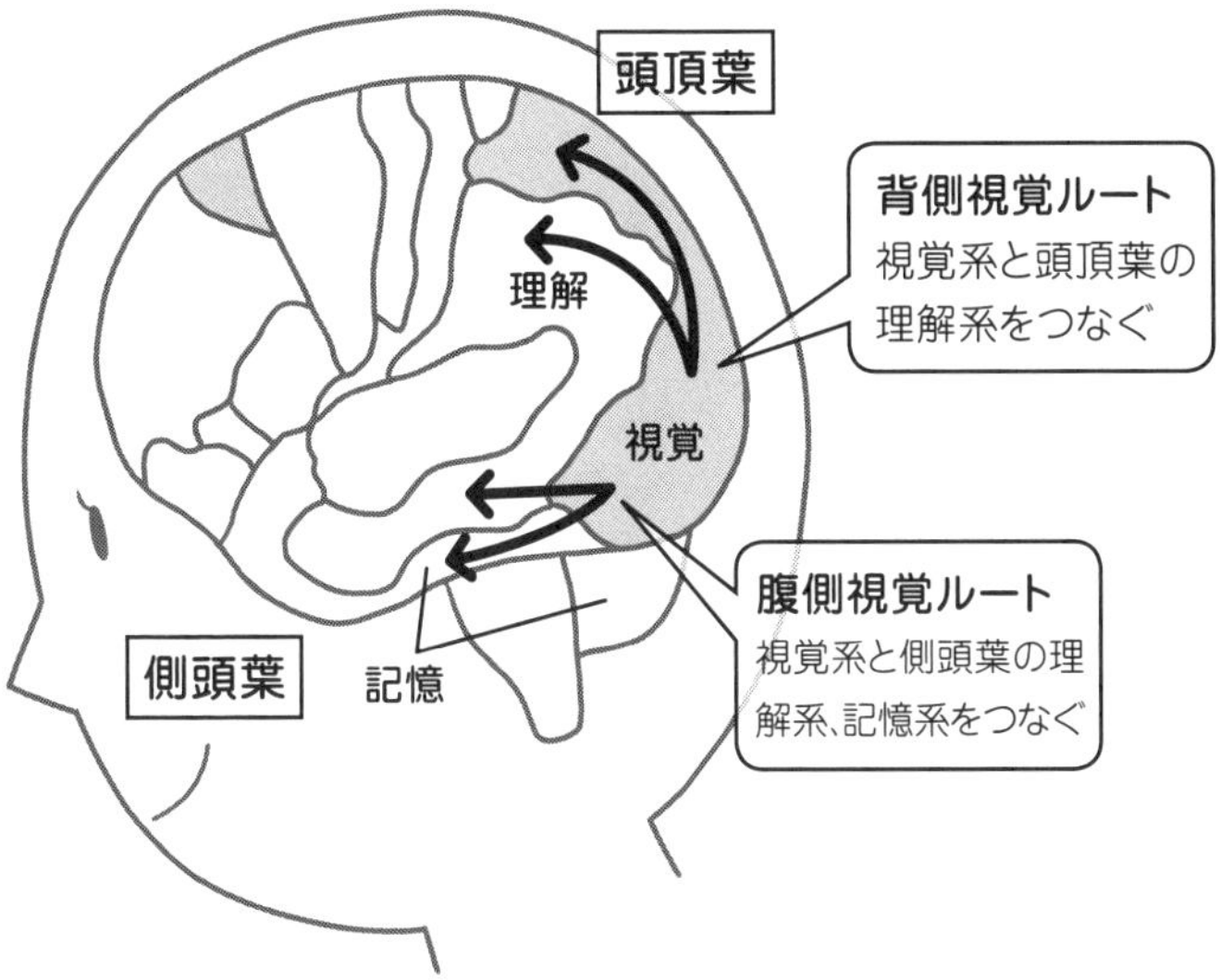

さらに、視覚系脳番地と理解系脳番地のネットワークが弱い女の子は、見えているもの以外は想像しにくく、視界から消えたものは脳が「ない」と判定してしまう傾向にあります。

見えないものは「ないもの」になるので、机の引き出しにしまったえんぴつは「ないもの」になり、本当は持っているのに、親が何度も同じえんぴつを買い与える……ということもあるでしょう。

それに、必要なものと不必要なものを分けることや、物を捨てるのも苦手。分類・整理、空間認知を司るのは、右脳側の理解系脳番地なので、部屋や机の周りが汚い女の子は、理解系が育っていないと考えて間違いないでしょう。

③「頭に残らない」脳タイプ＝視覚系・記憶系脳番地が未発達

【主な特徴】写生や黒板の書き写しが苦手、忘れ物が多い、人の顔が覚えられない

このタイプの子は、視覚系と記憶系の脳番地をつなぐ「**腹側《ふくそく》視覚ルート**（67ページのイラスト参照）」が弱く、うまく使えていません。腹側視覚ルートは、「色・形」などの認識をするときに使われ（形態認識）、知識の増強に関わります。「見たことを覚える」という重要な脳の処理を行っているルートなのです。

この腹側視覚ルートが弱いと、写真や絵のように「目の前の光景を見たまま記憶する」ということが難しくなります。見た風景や体験した場面の記憶が残りにくいので、写生や体験画が苦手だったり、黒板をノートに書き写すのが遅くなったりします。

また、視覚系脳番地と記憶系脳番地が弱いときも、自分の持ち物が整理できにくくなり、忘れ物や失くし物が多くなります。自分が何を持っていて、何を持っていないか、記憶できていないからです。

ただ、このタイプの子は、「左脳の記憶系は強い」ということがよくあります。

例えば、園や学校での出来事も、「今日○○したよ」という場面ではなく、「今日○○ちゃんが○○っていってたよ」など、言葉での記憶として報告することが多い場合は、左脳の記憶系が強いタイプといっていいでしょう。

この左脳の記憶系が強いタイプは、文字ならスラスラ記憶できるのですが、絵や風景になるとさっぱり覚えられません。このタイプの中には、ときどき、人の顔が覚えられない子もいます。

④「見ながら聞けない」脳タイプ＝視覚系・聴覚系脳番地のつながり・バランスが悪い

【主な特徴】言葉が遅い、コミュニケーション下手、友だちができにくい

女の子は見る力が弱くても聞く能力が高いので、聞く力を使って、コミュニケーションがうまく取れる……と、これまでにお話ししました。

しかし、「聞く力」と「見る力」があまりにアンバランスで連携が悪いと、コミュニケーションに影響が出てきます。「いくら聞く力があっても」です。

例えば、見る力が極端に低く、代わりに聞く力が極端に高い場合。お友だちと話したときに、相手のいった「言葉」だけが強く頭の中に残ってしまうようになります。いわれた言葉を状況の中で捉えたり、場面の中で受けとめたりすることができないので、その「言葉だけ」がストレートに残るのです。

そして、「あの子は、いつもひどいことをいう」と、いわれた言葉を頭の中で何度も繰り返して、勝手に不安になったり、パニックになったりします。

言葉の背景や本当の意味をきちんと把握できずに、自分の中でどんどん勝手な思いが膨らんでいく……思い込みが強く、周りが見えない子はこの脳タイプの女の子です。聞くことが得意なために、見ることがおろそかになり、脳の見る力が育ちにくくなる典型的なタイプでしょう。

また、絵本を「読んで！」と親に持ってくることが少なかったり、言葉の学習もなかなか進まない場合は、視覚系と聴覚系がどちらも未発達なタイプかもしれません。

この場合は、目からも、耳からも情報を集めることが難しくなり、学校などでは、早々に授業についていけなくなる可能性があります。

このような傾向が見られる場合は、できるだけ早めに、どちらか少しでも得意なほうから、伸ばしていきましょう。

⑤「状況や雰囲気を見ない」脳タイプ＝視覚系・感情系脳番地が未発達

【主な特徴】空気が読めない、他人の気持ちがわからない

このタイプの子も、人とのコミュニケーションが苦手です。

会話の最中に「この人、空気が読めないかも……」と感じたことはないでしょうか。空気が読めないのは、実は、見る力を司る「視覚系脳番地」と「感情系脳番地」が未熟なままであるのが原因です。

見る力が育ち、さらに感情系と連携して働けるようになると、相手の表情やしぐさから気持ちを読み取ることができたり、周囲の状況や雰囲気を観察できるようになります。

逆に見る力が弱く、感情系との連携もよくないと、相手の発言など、聴覚からしか情報を得られなくなります。

そのため、見て感じ取れる場の雰囲気や言葉の奥にある相手の気持ちをそのまま受け取ることも、察することも苦手になるのです。

聴覚系脳番地を働かせて話は聞いているので、一見、「人の気持ちを察している」ように見えるのですが、それはただ、複数の人がいった言葉の意味を理解しているだけ。目で場を見て、感情系を使って気持ちを感じ取るのではなく、耳で言葉を聞き分けているので、言葉にならない相手の気持ちは見えていないのです。視覚系と感情系を使わないこのようなコミュニケーションを繰り返すことで、「見て感じ取る機会」が減って、見る力はどんどん弱くなります。

このタイプの女の子は、先ほどの視覚系と聴覚系のつながりが弱い脳タイプの子（69ページ参照）と似ているのですが、感情系脳番地の未熟さがあるために気持ちの切り替えが下手、クヨクヨしやすいなど、よりメンタルの弱さが際立ちます。

「見る力」の弱さは、悩みや落ち込みの元をつくる原因にもなるのです。これはアウトプットに関わってくる話なので、詳細は次に紹介する「アウトプット力の弱い見ない脳タイプ」のところで、説明します。

アウトプットが苦手だと「あえて見ない子」になる

次に、アウトプットが苦手で「見ない」と、何が起きるのか、タイプ別に見ていきましょう。

アウトプットとは、「見たり聞いたりして脳に入れた情報（インプット）を元に、行動すること」でした。つまり、アウトプットするには、必ずインプットが必要です。この2つは、セットだと考えてもいいでしょう。

親御さんの中には、「小さな頃は、アウトプットが苦手でも、インプットだけしていればいいのでは？」と思う方もいるでしょう。

たしかに小さな頃は、インプットする脳（情報を集める脳）が旬ですが、質の高いインプットをするには、何か「目的」が必要です。その目的がアウトプットなのです。

「見たことを、お母さんと話したい」「聞いた歌を元に、自分でも歌いたい」など、子ども自身の「やりたい気持ち・目的」がベースにあってこそ、インプットが冴えます。

逆に、何の意欲も目的もなく、ただ日々を過ごしていると、脳はアウトプットどころか、徐々にインプットもしなくなります。

これは、「テストで1番を取りたい」などの親目線の目的を子どもに持たせろという話ではありません。

犬のお世話でも、鬼ごっこでも、かくれんぼでも、日々のおしゃれでも、何でもいいので、「○○をやりたい！」という子どもの気持ちを大事にして、そのやりたいことがうまくいくように、自分で情報を集めることが大切なのです。

子ども自身の中から生まれた「やりたい！」は強い原動力となり、そのためであれば、高い精度で目で見て情報を集められるでしょう。

アウトプットが苦手で見えない脳は、次のイラストのように、4つに分けられます。お子さんの普段の様子と照らし合わせながら、順番に「見ない脳」の4つのタイプを紹介しましょう。

アウトプットが苦手で見ない「4つのタイプ」

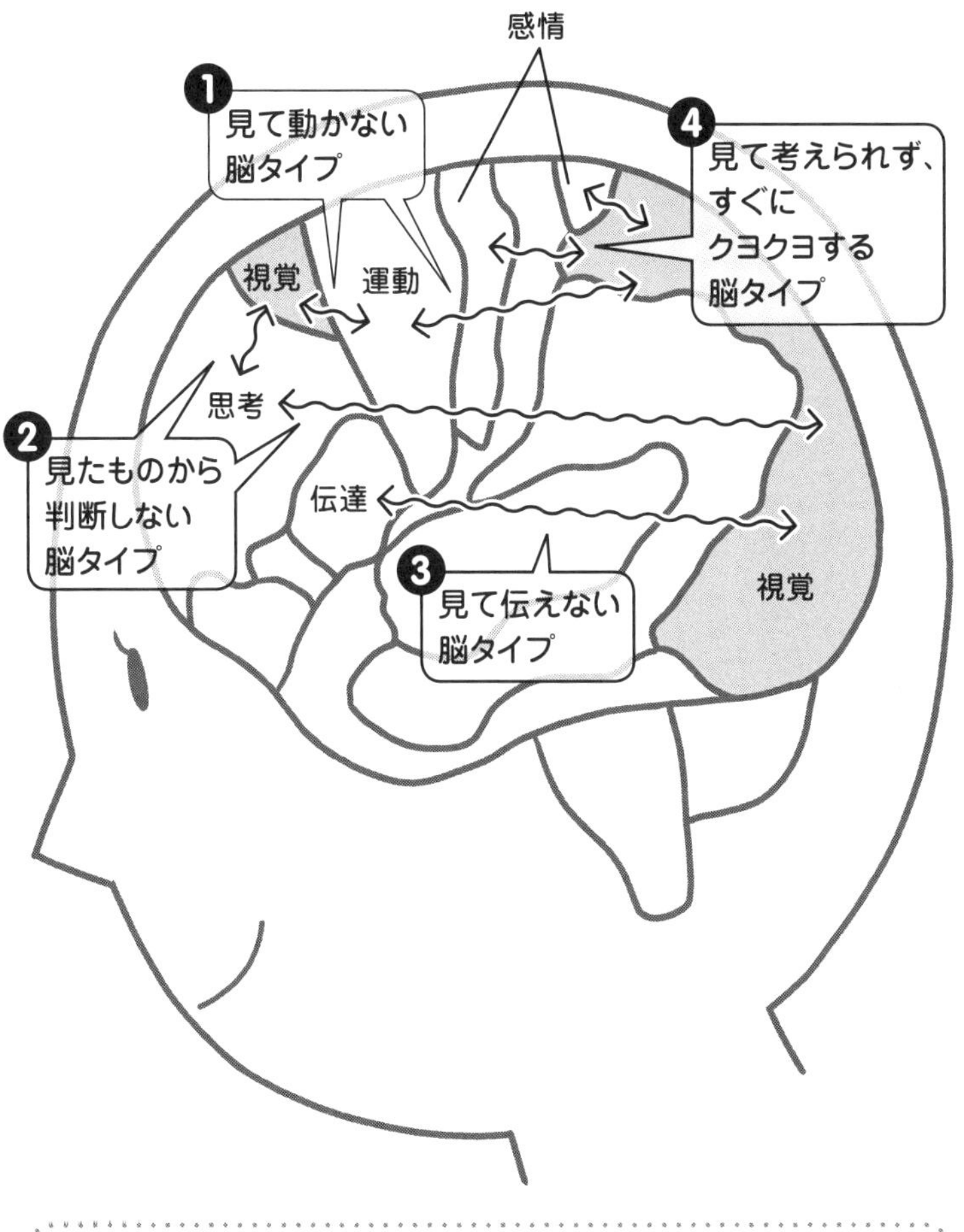

←～～→ このつながりが弱かったり、使えていない！

●アウトプットが苦手な「見ない脳」4つのタイプ

①「見て動かない」脳タイプ＝視覚系・運動系脳番地が未発達

【主な特徴】グズグズしてすぐに動かない、運動やダンスが苦手、見てまねできない

このタイプの子は、人のあとについていくことはできても、率先して動くことができません。体を動かすというアウトプット（行動）が苦手なために、「目で状況を判断し、自分から動く」ということができないのです。

私のクリニックには、いちいち言葉で説明されないと動けない女子社員に困り果てて相談に来られる上司の方があとを絶ちません。

皆さん、「彼女は、発達障害でしょうか……」と心配されているのですが、そうではなく、視覚系脳番地と運動系脳番地がうまく使えていない女性がほとんどです。

そのような方は、小さな頃から運動が苦手で、大人になっても意識的に運動をしていないことが多々あります。運動不足で、会社でも1日座り、週末もインターネットで動画を見たり、寝転んでゲーム三昧で過ごす女性がこのタイプに多いのです。

このような女性は、どんな場合でも「状況に応じて素早く動く」ことはまったくできません。運動系の働きが低下し、視覚系と運動系の連動性も弱くなっているからです。

臨機応変に動くには、「運動系脳番地」の働きがとても大切です。

視覚系と運動系の連携ができていないと、「臨機応変に動けない、指示待ち人間」になるだけでなく、さっと動くために必要な情報も集められなくなります。

動かないことが、自分の中で普通になると、そのために「見よう」と思わなくなり、視覚系脳番地を使う機会が減っていくのです。

また、視覚系と運動系がうまく連携できていないと、スポーツやダンスなど「見て、動く」「見て、まねすること」が苦手になります。これは、想像しやすいでしょう。

テニスでも、バレーボールでも、目で見たボールをうまく打ち返せる子は、目から入ってくる情報に合わせて、体を動かすことができています。運動系と視覚系が連携するからこそ、視覚情報に合わせて動けるのです。

②「見たものから判断しない」脳タイプ＝視覚系・思考系脳番地が未発達

【主な特徴】状況判断できず、どこか危なっかしい

このタイプの女の子は、どこか行動が危なっかしかったり、「危ない目」にあいやすかったりします。

これは、「見て瞬時に、判断ができない」、さらには「判断するときに目を使わない」からです。

百聞は一見にしかずという言葉の通り、言葉で聞くと時間がかかるものが、絵で見ると一瞬でわかってしまうということがあります。「見る」と、一瞬でたくさんの情報が脳に入るので、見る力があると、判断のスイッチが入りやすくなるのです。

さらに、耳からの情報（言葉）は、受け取り方でニュアンスが違ってくる場合もありますが、目からの情報（画像や映像）だと、相手の伝えたい情報を的確に正しく確認できます。

ですから、視覚系脳番地が弱く、見え方に問題があると、思考系でしっかり判断して適切に反応できなくなります。適切な判断ができないことが続くと判断すること自体も苦手になってきて、判断することを避けるようにもなります。判断しなくなればなるほど、そのために情報を集めることも減ります。

また、弱い視覚系脳番地を使わずに、耳からの情報に頼って判断することが普通になると、「見なくてもわかる」と考えるようになるので、ますます視覚系脳番地の出番がなくなり、見る力が弱くなるのです。

③「見て伝えない」脳タイプ＝視覚系・伝達系脳番地が未発達

【主な特徴】自分から何かを発信するのが苦手、言葉数が少ない、説明が苦手

このタイプの子は、自分で考えたことを人に伝えることや、上手に状況説明をすることが苦手です。

小さな頃は「親や先生のいうことを何でも聞くいい子」かもしれませんが、このまま育つと、自分から発信ができないどころか、仕事などでもすべて言葉で指示されないと何をしていいのかわからない、というマニュアル人間になってしまうことも。

「何かを伝える」のが苦手な子は、伝えるために必要な情報を取ってくることもしなくなります。そのため、アウトプット力はおろか、見る力、聞く力というインプット力も下がるのです。

当然、もともと苦手な「視覚系脳番地」を使う機会は減っていき、見る力は育ちにくくなります。

また、視覚系と伝達系がうまく連携できないと、ビジュアル的に伝えることも苦手になります。「ビジュアルで伝える」ことは、これからの時代、欠かせないスキルです。

技術が発達したことで、誰でも自分のスマートフォン（スマホ）で動画を撮って編集し、世界に向けて自分の考えを「発信」できるようになりました。「見せて伝える」「ビジュアルで発信する」ことが、多くの方にとって身近なものになっています。

見せて伝えることは、ときに言葉で伝えるよりも大きな力を持ちます。

例えば、仕事でプレゼンをするにしても、言葉でグダグダ説明するよりも、絵や図を使って、ビジュアル的に説明するほうが、より伝わるのは明確でしょう。

最近では、就職活動でも履歴書ではなく、自己ＰＲ動画を撮ってくるようにいわれることも多いようです。動画のほうが、言葉だけでは伝わりにくい「その人の雰囲気」や「自分で考える力」「プレゼン力」がよく見えるからだそうです。

このように、自分の伝えたいことを、ビジュアル的に発信できるのは、社会に出たときに大きな武器になります。

しかし、この「見せる力」「見せて伝える力」は、視覚系と伝達系がうまく連携しないと、発揮できません。言葉に頼るのではなく、図などをうまく使ってよりわかりやすく伝えられる大人になるためにも、伝達系と視覚系をうまく連携できるように、脳を育てることが大切なのです。

さらに、視覚系脳番地が発達し、伝達系脳番地とうまく連携するようになると、自ずと、決断するのも早くなります。視覚系と伝達系が発達すれば、見たものから、明確なメッセージが出せるリーダー的存在にもなれるのです。

④「見て考えられず、すぐにクヨクヨする」脳タイプ＝視覚系・感情系脳番地が未発達

【主な特徴】自分の気持ちがわからない、不安になりやすい、気分の浮き沈みが頻発

他人の気持ちを受け取るだけでなく、「嬉しい」「悲しい」など、自分の気持ちをつくる（＝アウトプットする）のも感情系脳番地の働きです。この感情系脳番地と、視覚系脳番地が弱いと、自分の気持ちが決まらず、ぐるぐる同じことで悩みがちになります。

つまり、考えているようで考えていない、同じ情報が思考系脳番地と感情系脳番地をぐるぐると空回りする状態になるのです。

例えば、何か嫌なことがあったとき、思考系脳番地で起きた出来事について考え、そこから感情系脳番地が自分を責めるようなネガティブな気持ちをつくり出すと、その情報は「思考系」→「感情系」→「記憶系」→「思考系」→「感情系」……という〝クヨクヨ回路〟を延々と回り、抜け出せなくなります。

この脳の使い方がクセになると、大人になっても何かひとつ嫌なことがあると、そ

れだけで頭がいっぱいになってしまう「悩みやすい女性」になり、生きづらさを感じるようになります。

これは多くの女性が陥りやすい脳のルートなのですが、実は、「よく見る」ことで、このようにクヨクヨ悩むのを防ぐことができます。

なぜかというと、目の前の新しい情報が目から脳に入ることにより、感情系が暴走することを予防できるからです。

目から他の情報を入れる、視点を変える、ということをすると、クヨクヨ回路から抜け出し、新たな気持ちをつくり出すことができるようになります。

「子どもの見えない脳」に気づけるのは、親しかいない

女の子の「見えない」「見ない」タイプについて、細かくお話ししました。

思い当たることがあったお母さん、お父さんもいるでしょうし、うちの子にはまったく関係ないと思った方もいるかもしれません。

しかし、「関係ない」と思っていた女の子が、実は「見えない脳」を抱えていたというケースは、本当に多くあります。

しっかり聞けて話せる〝賢い女の子〟ほど、「見えない脳」が表面化せず、隠れてしまうからです。

では、そんな女の子の隠れた「見えない脳」に、お母さん・お父さんが気づくことができないと、いったいどんなことが起こるのでしょうか。

まず、自分の子どもに「脳の見る力が足りない」と思わない親御さんは、「見る力」を育む・高めるような行動を起こせない可能性があります。

例えば、

○絵本を読み聞かせることなく、自分で読むようにいう（絵を読む力が育たない）

○工作・折り紙・あやとりなどよりタブレットで知育ゲーム（空間認知力が育たない）

○外遊びより、読書やお勉強を優先する（広い視野が育たない）

などなど……。

これでは、子どものうちに育てたい視覚系脳番地の右脳側がまったく働かず、未熟なままになってしまいます。

●親子関係が「見えない脳」を加速させることも

また、親が気づかないことで、脳の見る力が育たないために起こる女の子の困り事に、さらに拍車をかけてしまうこともあります。

口ごたえをする、いじわるをする、すぐできないという……などの女の子の困り事が「脳の見る力が弱いせい」だと気づいていないと、親はその子の性格や考えなどを正そうとして「うるさいこといわないの！」「なに生意気なこといって！」とガミガミ叱ったり、イライラして口ゲンカしたりしてしまいます。

しかし、それは女の子にとって最悪の対応なのです。

実は、**心理的ストレスがかかると、人間の視野は狭くなることがわかっています。**

脳にストレスが加わると脳の働きが非効率になり、視覚系脳番地の働きが低下します。視覚系脳番地は、とくに、その人の気分に影響されやすい脳番地です。そのため、緊張が高まりすぎると1個のことだけしか見えなくなったり、全体的に広く見る余裕がなくなったりするのです。

もともと視覚系脳番地の働きが弱い女の子ならばなおさら、叱られればストレスで視野が狭くなります。加えて、親がイライラしている場面は「見たくない」と思うため、より一層視覚系脳番地の働きが弱まるでしょう。

そして、女の子は聴覚系脳番地の働きがとても強いため、親が叱ったときの攻撃的な言葉やキツい言い回しなどを驚くほど吸収してしまいます。

そのため、「見えないゆえの困り事が出る」→「叱る・口ゲンカになる」→「ストレスで視野が狭まり改善しない」→「もっと口ゲンカになる」→「キツい言葉を覚えてより生意気になる」という風に、どんどん悪循環にはまっていってしまうのです。

●見えない脳に気づくためのシンプルな方法

表立って見えにくい「女の子の見る力の弱さ」に親が気づくには、どうしたらいいのでしょうか。

答えは簡単。**親が子どもを「しっかり見る」ことです**。

とはいっても、これまで子育ての中で見ることを意識していなかったお母さんやお父さんは「しっかり見なさい」といわれても、どうすればいいのかわからないかもしれません。私も含めて親というものは、子どものことを「見ているようで見ていない」ことが多くあります。日常の風景として、「目に映っているだけ」で、しっかり見てはいないのです。

では、しっかり見るとは、いったいどういうことでしょう。

しっかり見るとは、**「周囲の状況を含め、子どものことを広く深く観察する」**ことです。例えば、見るときには、子どものことだけでなく、子どもが置かれている状況も見るようにしましょう。広い視野で子どもを見ると、子どもの様子がこれまでよりもはっきりと見えてくるはずです。

さらに、ただ見るのではなく、「子どもを観察する」つもりで見ましょう。

観察というと、なんだか冷たい印象があるかもしれませんが、ただ、「見よう」と思うより「大事なわが子を観察するぞ！」と思うほうが、子どものことをより深く、より丁寧に見られるようになります。観察するつもりで見れば、遠くから子どもをぼんやり見ることは少なくなるでしょう。必要があれば、子どもに近づくなど、自然に距離感を変えて、子どもを「意識的に見られる」ようになるのです。

以上のことを意識しながら、夢中で遊んでいる姿や毎日の生活の様子、友だちや家族との関わり、さまざまな面からわが子を見てみましょう。ときには一緒に遊んだり、子どもと同じ目線で、関わりながら寄り添って見ることも必要になるでしょう。

こうして、親がしっかりと意識して子どもを観察していると、その子が「どのように見ているのか」がわかってきます。

また、今何に興味を抱いているのかにも気づきますし、何を伝えたいと思っているのか、どうしてほしいと訴えているのか、言葉がなくてもわかるようになるのです。

お母さん・お父さんが日頃からわが子をしっかり観察すれば、必ず女の子の「見えない脳」に気づくことができます。

親がしっかりと子どもを観察し、賢さ（言語能力の高さ）の裏に潜む「見えない脳」に気づくこと。そして、見る力を高める育て方・接し方に切り替えることが、女の子を育てるカギとなるのです。

しっかり広い視野で子どもを見ることは子どもを包み込む愛情の広さになり、詳しく観察することは愛情の深さにつながると、私は考えています。ぜひ、そんなあたたかな思いと客観性を持って、お子さんをしっかり見てあげてください。

「脳の見る力」チェックリスト

「脳の見る力」があるのかないのか、というのはわかりづらいものです。ここまで読んできて、「うちの子どもはしっかりと見えているのかしら」と気になっている方も多いと思います。

そこで、お子さんの行動・日々の生活習慣などから、「脳の見る力」を見極める16項目のチェックリストを用意しました。普段の姿を思い浮かべて、お子さんに次のような様子が見られるか、確認してみてください。

【脳の見る力チェックリスト】

1．よくつまずいたり、転んだり、物や人にぶつかったりする

2.「〇〇がない」「〇〇どこ？」とよく物を探している
3. 指さしたり、提示したりした物を素早く見つけられない
4. おもちゃ箱や引き出しの中が散らかっている
5. 周りより行動がワンテンポ遅れがち
6. 動いているボールを追ったり、手で取ったりするのが苦手
7. １つのおもちゃや同じ場所で遊ぶ時間が短く、飽きてしまう
8. パズル・ブロック・積み木などで遊ぶことが少ない
9. ぬり絵やなぞり書きが苦手
10. 高い遊具への上り下りを怖がる
11. よく迷子になる
12. 初めての場所が苦手・不慣れなことに消極的
13. 口ごたえや言い訳が多い
14. 公園や自然の中で遊ぶことが少ない
15. スマホ・タブレットなどの画面を１日１時間以上見ている
16. １日の睡眠時間が９時間以下である

16項目の内、1項目でも当てはまれば、見る力が不足しているといえます。

さらに、当てはまる項目が多ければ多いほど、脳の見る力が弱い可能性があります。

身近にいる親だからこそ気づける「見る力不足」のサインを見逃さないよう、日ごろからお子さんの様子をしっかり見てあげてください。

現代社会では「見る力」が衰えやすい

「見て動く」というのは、人間にとって根源的な行動です。

ところが最近、ネットやスマホからの情報に頼るあまり「自分の目で見て物事を進める」ということが減ってきたせいか、現代人はめっきり「見て動く」のが苦手になってしまいました。

通りを歩いていて人の肩にぶつかってしまうのは、相手の動きをしっかりと確認し、予測できていない証拠。空の雲行きを見て天気を予測できないのも、視覚が衰えているサインです。

「見る力が弱い」ということは、女の子の脳の問題だけでなく、子ども全般、そして今を生きる現代人すべてにも起こりうることなのです。

●睡眠不足が見る力を低下させる

現代社会において、見る力の成長を阻《はば》む第一のものが、睡眠不足です。幼い頃からの塾通いや、共働きのために保育園のお迎えが遅くなることなどもあり、子どもの睡眠時間は年代問わず、少なくなってきています。

日本の3歳以下の子どもの1日の総睡眠時間を、世界の国々の同年代の子どもと比べたデータによると、日本の乳幼児の総睡眠時間は調査対象国の中で最も短かかったそうです。また、6～13歳の就学児童の睡眠時間の推奨値は9～11時間（アメリカ国立睡眠財団の発表より）ですが、9時間以上眠れている子どもは少ないのではないでしょうか。

睡眠不足の状態に陥ると、日中の脳の覚醒度は低下します。覚醒度の低さは、脳の見る力や脳の注意力の低下に直結するのです。

さらに、睡眠不足が「脳の見る力」を低下させる理由は、他にもあります。

1つ目は、十分な睡眠がないと、前日に体験したことがしっかり映像として記憶されないということです。眠っている間に、私たちの脳は、前日の体験に関係する喜怒哀楽や面白かったことなどを映像として記憶しています。しかし、睡眠時間が足りないと、この脳内の作業ができず、体験が映像として残らないため、表面上の薄っぺらい記憶になりやすいのです。「見たものを記憶に残す」のも、脳の見る力のひとつ。この力は睡眠不足によって極端に低くなってしまいます。

もう1つの理由として、睡眠が足りていないと、扁桃体の動きが鈍くなってしまうことがあげられます。

第1章で、扁桃体やこの周囲には、視覚情報に強く反応する細胞がたくさん存在しているとお話ししたのを、覚えていらっしゃるでしょうか。

扁桃体周辺の動きが鈍くなれば、当然、その近くにある視覚情報に反応する細胞の動きも鈍くなり、見る力が低下します。

さらに、睡眠不足の人の脳は、とりわけ喜びや怒りに対して反応が乏しくなることが指摘されています。これは感情を生み出す中枢である扁桃体の働きが悪くなるからでしょう。そのため、一生懸命に叱ったのに、まったく通じなかったということもよく起こります。

睡眠不足から起こる脳への影響は、男性より女性のほうが顕著に現れるといわれています。女の子のほうが寝不足になると、しっかり見えなくなったり、他人の感情を読み取りにくくなってしまうのです。

●スマホやゲームが見る力に与える影響

スマホで子どもをあやしたり、動画を見せて静かにさせておいたりする「スマホ育児」や、タブレットを活用する幼児教室・幼稚園・保育園が話題になっています。

このデジタル機器の台頭で一番問題なのが、狭い画面ばかり見続けていることで、眼球がほとんど動かないこと。また、画面が近く、短い距離に焦点を合わせたままで過ごす時間が長くなってしまうことも問題です。これでは、眼球を動かすための筋肉（外眼筋）が衰えてしまうのも無理はありません。

さらに、一定の距離で単一のものだけを見続けると、バランスのいい視覚刺激が入ってこないため、視覚と脳の発育に影響が出る可能性があります。

とくに、外界からの刺激に対する感受性が高く、視覚機能が伸びやすい6歳までの時期に、スマホやタブレットばかりを長時間集中して見ることは、脳の見る力の発達を妨げてしまうことにつながるでしょう。

また、ゲームについても同様です。眼球運動が少なくなり、視野が狭くなります。

それに加え、小中学生では、依存がひどくなると「ゲーム障害」になってしまう可能性もあります。ゲームの頻度や時間を自分でコントロールできなくなってしまったり、親が禁止すると過剰に反発して手に負えなくなったり、ときには、激高して暴れるケースも少なくありません。

これが見る力によくないのは、**ゲーム優先の生活になり、それ以外の楽しみや活動に使う時間が減ってしまうこと。**友だちや家族とのコミュニケーションや、体を動かして遊ぶ時間がなくなることで、目で見て肌で感じる「生の情報」に触れる機会が減ってしまい、見る力が育たないのです。

●見る力を伸ばすには、外遊びが欠かせない

近年は子どもたちの戸外活動が減り、公園や自然の中で遊ぶことが少なくなったというのも、見る力が衰えている原因の1つ。

元来子どもたちは、外で体を動かし遊ぶことで、体も脳も発達させてきました。外に出ると、遠近さまざまな距離のものを見ますし、体を動かすことでいろいろな刺激を脳に取り入れることができます。見たものに興味を持って、そばに行って触れる、そして触り心地が気持ちよかったり不思議だったりして、「何だろう?」「もっと見たい」と思うことは、「見る力」を伸ばすことにもつながります。

そして、子どもの見る力を伸ばすために必要なのが、「感じながら見る」こと。外に出て、土や草の香りを嗅ぎ、風のそよぎに身を任せ、光の移ろいを感じ、虫や鳥を見つけて鳴き声に耳を傾ける……。視覚の成長には、こうした感性を刺激するような視覚的情報が必要なのですが、スマホやゲームの中にそれはありません。

やはり外遊びをたくさんすることでしか身につけられないものなのです。

脳が毎日成長する子ども時代はとくに、見る力を伸ばすために外に出てさまざまな「生の情報＝見る力のための栄養」を目から入れることが重要です。

実際に、１週間以上外出を控えて家にいただけで、いつの間にか、見る力が極端に低下してしまったケースもあります。

さらに、現代人の歩く距離が減ったことも「見る力」に影響しています。

移動手段や交通網が発達し、電車や車を多用するようになったこと、ベビーカーや抱っこ紐が進化し、それらを使用する機会が増えたことなどで、大人も子どもも長時間・長い距離を歩くことが減っています。

実は、長い距離を移動することは、目を鍛えることにもなっています。長い距離を歩くということは、目の前に広がる流れる景色を見続けているということ。それにより、視覚系脳番地の「動作を追視する力」が育つのです。

また、**空間認識に関わる視覚系から理解系脳番地へのルートや、運動系脳番地への**

ルートは、重心を移動させるような動きをしないと活性化しないことがわかっています。

足を動かし移動する、もしくは片足でバランスを取り、体幹の軸を揺らすような動きをすることで初めて、視覚系と運動系が連携し、働き出します。このような「移動」「運動」をしないと育たない脳の部位もあるのです。

●人と接する時間が減ると、脳の見る力は弱くなる

三世代同居世帯が多く、兄弟数も多かった時代と比べると、今は家族規模が縮小し、親と子の核家族世帯が増えている、という現実も「見る力」に影響しています。

パートナーの仕事が忙しくてワンオペ育児をしていたり、親戚との行き来も減っていたりすれば、当然、対人コミュニケーション量は少なくなります。

そして、隣近所に誰が住んでいるのか知らないような場合も増え、地域とのつながりも希薄になりがち。昔のような「ご近所付き合い」は圧倒的に減ってしまっているのが現状です。

そういった親戚や近所の人との付き合いは、家族以上にしっかり見て対応しなければいけない状況が増え、視覚系脳番地の右脳側が自然と鍛えられます。そして、空気を読む力や臨機応変さや、相手によって対応を変える柔軟性などが学べるのです。

ネット上やSNSなどでつながっていたとしても、やはり生身の人と接していないと、「見る力」は衰えていってしまうのです。

女の子に多い！心因性視覚障害で見えなくなるケース

現代社会では、ゲームやスマホの台頭、核家族化などで、「見えない脳」が加速していることをお伝えしました。

そして実はもうひとつ、女の子の見る力が低下する原因として**「心因性視覚障害」**というものが近年注目されています。

これは、学校の視力検査で視力低下を指摘され、眼科を受診したものの、検査しても眼球や視神経などには異常がない、という状態。目が悪いわけではないのに見えにくいという疾患で、何らかの心理的ストレスが強く影響して視力障害を引き起こしていると考えられています。

日常生活では見えにくくて困ることはほとんどありません。普段は見えていて、視力検査をすると悪い。要は、**「見ようとすると見えない」**のです。

例えば、試験になると答案用紙が見えづらいとか、ピアノのレッスンになると楽譜がぼやけるとか、算数の時間になると黒板が見えないなど、ときと場合によって視力が変動するのが特徴。

小学校3～6年生の女の子に多く、女の子は男の子の2～3倍多くみられます。そして、まじめで素直、あまり自己主張しないような、いわゆる「いい子」に起こることが多いようです。

●脳にストレスがかかると、見えているはずのものが認識できなくなる

実はこれも「脳の見る力」が衰えている状態。前述した通り、物を見るために目は欠かせませんが、最終的に物を見ているのは脳です。この脳にストレスがかかると、目に見えているはずのものが認識できないことがある、ということ。「心因性」というのは、言い換えれば「脳因性」ともいえるのです。

ストレスの原因は、新入学・転校・クラス替えなどの環境の変化、親の不仲・母親の妊娠・兄弟ゲンカなどの家庭内での変化など。その他「塾通いが負担」「習い事が嫌だ」などのささいなことも原因となりえます。

心因性視覚障害の子は、それらが原因で、脳の中が「見たくない」状態なのです。

こうして家庭や学校に〝激しく見たくないもの〟がある場合、視覚系脳番地の他に影響が出るのは「感情系脳番地」と「思考系脳番地」。感情系に負荷がかかると、この思考系が過剰に働いて、選択することに支障が出ます。見ることでストレスが増えないよう、思考の限定的な選択が起こり、「見ない」「特定のところだけ見えればいい」などの指令が、視覚系脳番地に伝わり、より見えなくなるのです。

事実、「見たくなる」「見ようとする」と、実際の視力も上がっていくことが脳科学的にも確認されています。

ですから、子どもをいつもより注意深く観察したり、よく話を聞いてあげたりして見たくない原因を見つけ、それを排除したり、積極的にコミュニケーションやスキンシップを持つようにしたりして、お母さん・お父さんたちが上手に子どもに関わることで、子どもは「見える」ようになっていきます。

このように、子どもの「気持ち・ストレス」と、「見る力」には、密接なつながりがあるのです。

この心因性視覚障害の子どもの数は増加傾向にあるのではないかといわれています。

現代の子どもには、親が考える以上にストレスが多いようです。

世の中がより豊かに、便利になっていく反面、子どもにとっては安らぎの少ない、ストレスのかかりやすい環境になっているのかもしれません。

コラム

親の見る力は、子どもを守る力に直結する！

子育てにおいて、Look（見ること）はとても大事です。

これは、日常生活だけでなく、地震や豪雨などの災害が起きたときや、火事などの「緊急時」においてもいえます。

危機的状況に陥ったときに、「どう子どもの心を守り、ケアすればよいのか」その心構えと対応法を「子どものための心理的応急処置」として、ＮＧＯ団体・セーブ・ザ・チルドレンが、まとめています。この中で、行動原則として掲げられているのが、「Look（見る）→Listen（聴く）→Link（つなぐ）」です。

最初に「見る」があげられていることからわかるように、子どもを守る行為は「見る」ことから始まります。

子どもが置かれている状況を「適切に見ること」によって、状況をしっかり把握でき、子どもの安全を守れます。たとえば、地震などであれば、倒壊する恐れのある建物から、まず、子どもを離れさせるなど、適切な行動が取れるのです。子どものひとまずの安全を守った上で、子どもに寄り添って話を聴き（Listen）、助けるための行動を取ります（子どもと、子どもが必要とするものをつなぐ＝Link）。

しかし、このときに、親が見ている範囲が狭かったり、何かを見落としていれば、子どもを守るために必要な「聴いて」「つなぐ」という次の行動に移れなくなります。

地震の例でいえば、倒壊しそうな建物を親が見落としてしまえば、そこから避難できず、子どもに話を聴く前に、親子もろとも、建物の下敷きになってしまう可能性もあるのです。

「見ること」が子どもを守るための行動の出発点であるとするならば、親の見る力は、自ずと、子どもを守る力と直結しているといえるでしょう。

第3章

脳の見る力は「家庭」で伸びる！

言語偏重の教育が「見える脳」の成長を妨げる!?

人間の脳は、「周りの環境」や「人との関わり」に影響されて成長します。

子ども時代の環境といえば、家庭と同じくらい大きな存在なのが「学校」です。

国語や算数といった勉強、先生や友だちという人間関係など、子どもが初めて経験する小さな社会ともいうべき「学校教育」。授業でも生活全般でも、物や人を見なければいけない機会が増えるので、女の子に必要な「見る力」が鍛えられそうな気がしますが、実はそうでもありません。

現在は、時代とともに社会環境や教育方針が変容したこともあり、学校教育では「見える脳」が育てられにくくなっているだけでなく、**学校教育が見える脳を育てることを妨害しているという現実**さえあるのです。

「言語・知識」を重視し、「見る・体験する」がないがしろに

子どもの脳には、言葉以外の情報を処理する右脳や、情報を集めるために働く後頭葉から、発達・成長していくという自然な流れがあります。

ところが、今多くの学校で行われているのは、脳の成長の流れに反した「言語教育」ばかりです。

幼い頃から机上の勉強を始め、テストの点数を重視し、外にあまり出ることなくパソコンやタブレットを通して学習する……。

これらの教育で育つのは、「人からもらった情報をただ記憶して活用すること」が得意な子どもです。丸暗記や繰り返しの学習をすれば、子どもは知識を修得できるように見えます。聞き分けのよい女の子であれば、とくにこの傾向は顕著でしょう。

ただ、これでは「自分の脳を使って、何かを生み出したり、挑戦したりできる」本当の意味で頭のよい子どもは育てられません。

本来、知識や文字情報は、体験を裏付けしたり、膨らませたりするものであるはず。リアルな体験を伴わず、目や手足を使って汗水流して得たのではない情報は、脳を刺激する範囲が狭いので、深い知識とはなりません。

そのことが教育現場であまり理解されておらず、学校で「観察力」を養う授業などはないがしろにされているのではないか、と常々感じています。そもそも「見る力」を身につけさせるという意識自体、あまりないのかもしれません。

さらに、英語の必修化をはじめ、小学校6年間で学ぶべきカリキュラムは昔と比べ大幅に増加しました。一方で、土曜の休日化などもあり、学べる時間は減少。少ない時間で効率よくカリキュラムをこなさなければならない状況です。

そのため、「観察」のような時間のかかる学習、見たものをノートに「書き取り」する時間、講義形式以外の「体育」や「図工」の授業などはどんどん減っています。子どもたちは、学校で日常的に「じっくり見る」「見て動く」「見たものから考える」ということができず、脳の見る力を伸ばしにくい状態になっているのです。

成績がよくても、社会に出てから困ることが増えてくる

たしかに、能力重視の言語教育を行っていれば、一見、優秀な人間に育ちます。学校の成績はみるみる上がっていくからです。

しかし、非言語の能力が伸びやすい時期に右脳や見る力を鍛えないで、知識や言語を詰め込んでしまうと、脳の主軸が左脳に大きく偏り、その後の人生で右脳が鍛えにくくなるという傾向があります。

すると、言葉の処理ばかりが得意で、言葉以外の情報を処理できない脳に成長。融通が利かず、コミュニケーションが苦手な大人、弁は立つけれど行動力が伴わない頭でっかちな大人になってしまう可能性があります。

就職後も、ＩＴ機器の取り扱いは得意でも、一方で「教えてもらってないのでわかりません」「マニュアルと違うので無理です」などと平気でいう社会人になってしまうかもしれません。

これでは、いくら学校の成績がよくても、社会に出てから困ってしまうのは目に見

えています。

社会に出たら、自分の目で見て行動することが重要視されます。学校のように、教科書の内容を習得しておけば何とかなるという状況は少なく、自分の目や耳で情報を取り、考えて行動するという場面が多くなるからです。

●見える脳を育てるのは、親の「ものの見方」

このように学校教育だけでは、女の子に必要な「見る力」はなかなか育てられません。

そうなってくると、見える脳を育てるのは家庭の役割ということになります。

役割なんていわれると難しそうな感じがしますが、実はとても簡単。

お母さん・お父さんが自身の「見方」を、子どものお手本になるように変えればいいだけです。

周りの人に対して、どんな姿勢・態度で向き合うのか。物事をどういう視点で見て、どう捉え、どう考えるのか……子どもは、その親の**「視点の多様さ」**や**「視野の広さ」**

をいつもお手本にしています。

　ですから、お母さん・お父さんが常に「自分は子どもに見られている存在なんだ」「広い視野、公平な視点を心がけよう」と意識するだけで、子どもの「見る力」はグンと伸びるのです。

　実際、私の母親は、周りの物事すべてに対して、常に相手の立場に立とうとする人でした。「こういう風にも見れる」「こういう見方もできる」「きっとこうなんじゃないか」など、すごく多角的に分析していたのです。それを間近で見続けたことで、私ももっと別な観点から幅広く物事を見ようと思いましたし、表面的なものだけでなく見えないものまで見ようとする「見方のクセ」がつきました。

　こうした親の見方が、脳科学の最先端技術を開発して、誰も見ることができなかった脳の中を「見える化」してきた、今の私をつくっていると感謝しています。

　どう見たらいいのか、そこから何が考えられるのか、といった「見る力」を身につけることは、勉強はもとより、毎日の生活の中でもさまざまな状況に応じて、正しく判断し、行動するための基礎になります。

ぜひ、家庭の中で親がお手本となり、小さいうちから「見る力」を育ててほしいと思います。

見える脳を育てられる親に変わる４つのポイント

子どもの見る力を育てるのに大切なのは親のふるまいです。

実際、お母さん・お父さんが、どんな見方をして、子どもとどう関わるか、そして親自身がどう行動するかが、女の子の脳の見る力に大きく影響してきます。

ここでは、その中でもとくに大切にしてほしいことを４つのポイントにまとめて紹介します。

① 広い視野は愛情の証、わが子にしっかり目を向ける

親が自分に愛情を注いでくれている、お世話してくれているという視覚記憶が子どもに残ると、右脳の視覚系脳番地と感情系脳番地が大いに刺激され、発達します。

ですから、親は忙しい中でも、できるだけ広い視野を持ち、子どものいろいろな行

動に目を向けることが重要です。

大好きな人に見られている子どもの脳の中では、意欲などを司るドーパミンという神経伝達物質が出ていることがわかっています。これが出ているとき、子どもはやる気や幸福感にあふれ、覚醒度が上がり、物を見る精度や注意力も上がるのです。


そして、子どもが嫌がらないうちは、やりすぎるくらいのスキンシップも大事。日ごろから、お子さんをぎゅっと抱きしめたり、頭をなでてあげたりしてください。目を合わせながら肌に触れると、より深く脳に愛情が注がれて効果的です。

実は、皮膚と脳は、同じ「外胚葉《がいはいよう》」からできています。「皮膚も脳も元は同じ」といってもよいでしょう。やさしくスキンシップすることは、子どもの脳に触れて刺激を与え、その成長をやさしく促しているようなものだと考えてみてください。

② 楽しく幸せに生きる姿を見せ、憧れを持たせる

私自身の「見る力」が育ったのは、「見たい」と思う対象が周りにたくさんあったからです。中でも、漁師である祖父が楽しそうに魚を獲っている姿は格別でした。

そのように、「大人が楽しく幸せに生きている姿を見せる」ことは、子どもの脳の見る力に多大な影響を及ぼします。

両親の仲がよい、お父さんがスポーツに打ち込んでいる、お母さんは趣味が充実している……など、家族が「前向きに楽しく物事に取り組む姿」を見せることで、世の中には面白いものがたくさんある、未来には楽しいことが待っている、ということを子どもの脳に感じさせることができるのです。

また、何かに対する「憧れ」は、子どもが成長していく上で大きなエネルギーになります。面白いもの・美しいものに興味を持ったり、好きな人・素敵な人に巡り合ったりすると、その存在が子どもにとって、成長のガイド役になっていくのです。

さらに、「憧れ」とは、まねをしたくなる対象でもあります。

憧れを抱くと、自分も同じようになりたいと思い、努力し始めます。例えば、「お母さんみたいに料理が上手になりたい」と思うことで、子どもは母親の姿を「よく見る」ようになるでしょう。

お母さん、お父さんはこのことをしっかりと自覚して、ぜひ、子どもの「憧れの存在」になってください。

③「裏表のない姿」「感謝を忘れない態度」を子どもに見せる

子どもの「脳の見る力」を育てるためには、見えたものをありのままに正しく観察する、という経験がとても重要です。物事を素直に見て、そのまま受け取る力というのは、将来、さまざまなものを客観的・多角的に見られることにつながります。

それなのに、お母さんやお父さんが、裏表のある行動を取ったり、矛盾したことをいったりすると、未熟な子どもの見る脳は混乱してしまいます。

例えば、外ではご近所さんと親しく話していたのに、家に帰ってきたら悪口をいう。

ボランティア活動に参加していても、面倒くさがったり嫌々やったりする。

このような「見た目と違うこと」「どちらが本当かわからないこと」を見続けると、子どもの脳に「物事には裏表がある」という前提ができてしまいます。

これでは、素直に正しく見る力が養われません。

目の前の出来事に対して、〝裏があるのでは〟と疑うことなく、素直な気持ちで対峙し、

「真実を見たい」「正しい物事を見たい」「正しい行いをする」と思えるようになると、視覚系から思考系や運動系への結びつきが強くなります。

ですから、子どもの前ではなるべく、誠実、正直でいましょう。そんなことでは世間知らずになると思われるかもしれませんが、子どもの頃に脳に刻まれた価値観はその後の人生を大きく左右します。幼いときほど「正しいもの」を見せてあげてください。

また、脳の見る力が育つと、さまざまなことに感謝ができるようになります。感謝するためには、一歩引いて周りを見て、他人の言動や周りの状況に気がつく必要があるからです。ですから、親が広い視野でものを見て、感謝できるものに気づき、子どものよいお手本になってほしいと思います。

例えば、天気がいい、ご飯が美味しい、仕事がスムーズに進んだ、友だちと会話がはずんだ、穏やかな一日が過ごせた、みんなが健康で嬉しい……。

何かをしてもらったわけでなくても、毎日の中にある当たり前の出来事の中に、感謝の元を見出す……これは脳の見る力の中でも、かなり高度なテクニック。これができるようになる頃には、お母さん、お父さんの脳もかなり活性化されているはずです。

④ 親子でいろいろなものを一緒に見る

最後に心がけてほしいことが、「子どもと一緒にいろいろなものを見ること」です。

子どもが成長するにつれて、親は子どもと同じ体験を共有できなくなっていきます。子どもが中学校を卒業する頃には、家族より友人関係を優先するようになり、一緒に何かを体験する機会は激減します。子どもと体験が共有できるうちに、一緒にいろいろなことをしましょう。

旅行やキャンプ、スポーツ観戦など、手間のかかるイベントだけでなく、近くの公園に行くのでも構いません。なぜなら、ここで重要なのは、「親が一緒に行動すること」だからです。

子どもが単独で行動しても、記憶はさほど残りません。親が一緒にいて、同じものを見たり、それについて話すことで、それが思い出となり、そのときの自分の行動や感情などをより鮮明に記憶できます。すると、それを思い出すたびに視覚系から記憶系へのルート（腹側視覚ルート）が刺激されますし、幸せな映像記憶が積み重なることで、視覚系から感情系へのルートが強化されて、自己肯定感も高まるでしょう。

また、親子が一緒に行動して、**親が何を見ているか・どんなふうに見ているかを子どもに見せる、というのも大事。**

私が幼い頃、祖父は秋になるといつも山から自然薯《じねんじょ》を掘ってきました。地表を見ただけでは自然薯の場所はわかりにくいし、1メートル以上も地中を掘るのは大変なのに、どうして掘れるのか不思議に思い、あるとき「連れていって！」と頼み込んだのです。いざ行ってみたら、葉とツルの特徴で埋まっている場所を特定することや、土の柔らかさで深く掘り進められるかを見極めていることなど、いろいろなコツがわかり、とても感動しました。これも、「一緒に見に行った」からこそわかったことです。

こうした記憶は、ネットやゲームなどのデジタル体験を通じては得られません。実際に体を動かし、身近な大人と時間を共有するからこそ、脳に定着するのです。

わざわざ大げさなことをする必要はありません。一緒に散歩をする、草花を摘む、空や雲を眺めるだけでも記憶は残ります。肝心なのは、親と子が一緒に体を動かしながら、時間と空間を共有すること。

体を動かしながら何かを一緒に見る体験によって、視覚系・運動系のルートも強化され、状況を見てすぐに動けるようにもなるでしょう。

同性のお母さんだから気をつけたい2つのこと

ここからは、「見る脳を育てるときに、お母さんだから気をつけたいこと」を紹介していきます。

お母さんも、女の子と同じ女性。同性だからこそ、気をつけてほしいことがあるのです。

① 何でもやりすぎたり、いいすぎたりしない

子どもの見る力を育てるために、お母さんに心がけてほしいこととして、「やりすぎない」「いいすぎない」ことがあげられます。

大人と違い、子どもの脳はまだまだ発達途中で未熟です。大人と同じことをするに

も、脳内での情報処理などには大人の数倍時間がかかります。

とくに、家事も仕事も何でもテキパキこなすお母さんからしてみてたら、子どもの行動はもどかしく、つい「まだできないの？」と急かしたり、「こうしたほうが早いよ」と手を出したくなってしまうと思いますが、そこはぐっと我慢。効率を求めるより、たとえ時間がかかっても、女の子が自分の脳を使って何かをやり切るほうが、脳の成長には役立ちます。

また、女性は言語能力が高いこともあって、お母さんは毎日子どもへたくさんの言葉をかけていると思いますが、**実は「しゃべりすぎ」は子どもの脳によい影響を与えません。**

お母さんがしゃべっていると、その間ずっと女の子の脳では聴覚系脳番地が働き続け、視覚系脳番地はおやすみ状態。これでは、女の子の見る力が成長するチャンスを逃してしまうのです。

さらに、子どもの話を最後まで聞かず途中で遮ったり、話を聞いたあとすぐ頭ごなしに反論することも、子どもの脳の成長を妨げます。

むしろ、お互い、目を合わせて、子どもの話をゆったり聞く時間を持つことのほうが、話しすぎるよりずっと重要です。ゆったり話を聞かれた子どもは、「人の話は目を合わせてゆったり落ち着いて聞くものだ」と学んでいくでしょう。

② 睡眠不足を解消して、脳に「ゆとり」をつくる

世の中のお母さんたちの60％以上は、睡眠時間が1日6時間以下である、というデータがあります。しかしながら、女の子の脳を伸ばすには「お母さんが寝不足にならないこと」も大切です。それには明確な根拠があります。

第2章でもお伝えしましたが、人間の脳は、睡眠時間が足りないと、視覚系脳番地の働きが低下し、さらに、感情系脳番地の反応が鈍感になります。その結果、楽しいことや嬉しいことを見ても反応できず、幸福感を感じる度合いが低下。さらに睡眠不足が続けば、脳の覚醒度合いも低下して、うつうつとした気分が継続してしまいます。

これでは、子どもとしっかり向き合うことはできません。

子どもに愛情を注ぐためには、親の脳に「ゆとり」がないといけないのです。

そのためには、睡眠を削って、家事や仕事をしている状況を少しでも改善し、お母さんの脳に十分なゆとりをつくるため、7時間以上の睡眠を確保する必要があります。

いつも家族のために自分を犠牲にしがちなお母さんたちは、今日からぜひ「子どものため」と思って、少しでも睡眠時間を増やしてください。

「見る力」は親子のよりよいコミュニケーションもつくる

女の子の見る力を育てるために、大切にしたい親の姿勢について見てきましたが、もう1つお伝えしたいのは、親子のコミュニケーションについてです。

子どものコミュニケーションは、言葉のやり取りだけとは限りません。スキンシップや、目を合わせたり相づちを打ったりすること、ときには黙って見守ること……これらを上手に使うことで、言葉以上の深いやり取りができるようになります。

そして、それらを使いこなすには、**親の、とくにお母さんの「しっかり見る力」が何より重要**です。

お母さんの「脳の聞く力」は、ほとんどの場合、「脳の見る力」よりも優れています。

これは、女性のほうが男性よりも、左脳の海馬の発達が早く、その結果、「言葉を聞いたり、話したりする」ときに使う、左脳の言語機能を司る部位が、よく発達するからです。

聞く力が強いと、人の話をしっかり聞けるので、コミュニケーションも得意になります。お母さんの多くが、聞く力があり、娘とコミュニケーションを取ることも得意なので、子育ても、一見うまくいっているように感じるかもしれません。

しかし、会話ばかりに偏って、よく子どもを見ないと、一方的にガミガミ話したり、「口でいえばわかるでしょう」と思い込んでしまうこともあります。これでは、うまくいかないことも出てきます。

女の子と話すときは、その都度、目線をしっかり合わせてから、ゆっくり話しかけましょう。こうすることで、子どもの見る力は高まりますし、お母さん自身の見る力も伸びるはずです。

また、子どものほうを見て、ゆっくりうなずくだけでも、十分にコミュニケーションが取れる場合もあります。お母さんはつい、いろいろ話してしまいがちですが、「言葉に頼らない」ほうが、思いがよく通じることもあるのです。

第2章で、「子どもの見えない脳」に気づくには親がしっかり子どもを見る（広く深く見る）ことが大切だとお伝えしましたね。この見方を続けると、お母さん自身の「脳の見る力」を伸ばすことができます。すると、子どもとのコミュニケーションがより充実したものになるのです。

次の例のようにさまざまな場面で、子どものことを思い、お母さん自身がしっかり「見て行動」できるようになるでしょう。

・歩くペースを子どもに合わせられる

↓歩調を合わせることで、子どもの立場・目線になれます。それを見て育った子どもにも協調性が生まれるでしょう。

・話をするときの距離を考えられる

↓耳元で話すのか、目を見て話すのか。立ったままなのか、しゃがみ込み同じ目線の高さを取るのか。子どもへの影響を考え、そのときに最適な距離感をつかめるようになります。

・子どもが遊んでいるときの親と子の距離を考えられる

↓遠くで遊んでいる様子をベンチに座って見るのか、そばで見守るのか。子どもの発達具合や機嫌などを見て、どのような距離感で見守るかを決められるようになります。

これらはみな、「脳の見る力」を発揮したゆえの行動です。

このように「脳の見る力」を使いこなすことで、今よりさらに上手に聞いたり、話したりできる、頼もしいお母さんになれるのです。

●子どもの「見て」は、安心感を感じたいというサイン

子どもはよく、遊んでいる最中に「ねえ、見て」といいます。

年齢にもよりますが、幼い子であれば、「ママ、見て」「パパ、見て」と、頻繁にこちらに呼びかけてくるはずです。これは、お母さんやお父さんに「見られている」ことで、「見守られている」ことを感じることができるからです。子ども自身も「見られること」で安心感を得られるのです。

女性であるお母さんは、「視覚系脳番地」がうまく使えないことがあります。つまり、子どもを守り、安心感を与える「見る」という行為が、ときに苦手になりがちです。そして、お母さん自身も「自分が見えていないこと」に気づかないことが多々あります。

お母さんはぜひ、意識的に子どもを見てください。子どもを見ることを通して、「自分の見る力を育てること」ができれば、それは子育てにも、お母さん自身の人生にも役立つはずです。

「見る力が強い女の子」は、こんな環境で育っていた！

脳がまだ十分に発達していない子どもほど、環境から大きな影響を受けます。

自分で脳に入れる情報を選び取る力がしっかり育っていないので、環境によって脳が動かされている場合が多いからです。ですから、子どもの脳は、置かれている環境によって、どんどん成長することもあれば、逆に伸びにくくなったりもします。

ここでは、女の子の「見る力」が育ちやすい環境を整える秘訣をお伝えします。

●見たくなるようなものを置く

子どもの脳は周りの環境によって変化しやすいので、生活環境にどんなものがそろえてあるのかによって、脳の働きの質が左右されます。

基本は、**「子どもの脳が活発に働きやすいもの」を選んでそろえること。**

脳を活発に働かせるものは、子どもそれぞれに違います。そのため、わが子の脳が喜ぶ（＝脳がスムーズに働く）ものを集めていくことが、子どもの脳の発達を助ける環境づくりにつながります。

お子さんが、今好きなもの・夢中になっているものは何でしょうか。キャラクター、おもちゃやグッズ、おしゃれアイテム、ペットなどの生き物……。それはきっと、かわいいから、愛着があるから「見たい」「そばに置いておきたい」と思っているはず。

そういう「見たい」という気持ち・意思が、脳の見る力を伸ばします。しくみはこうです。

①思考系脳番地が「見たい」と思うと、前頭葉の視覚系脳番地が働き、眼球を対象物のほうへ動かす

②見たもの（視覚情報）が脳幹網様体（脳幹に存在する部位で、覚醒機能の中枢）や大脳基底核（大脳皮質や小脳などとともに運動調節などの機能を行う深部にあ

る神経核の集まり）や感情系脳番地にある扁桃体を刺激。テンションが上がる

③ もっと経験したい、もっと見たいと感じ、視覚系脳番地がより活発に働く

視覚系脳番地は、覚醒機能の中枢（脳幹網様体）とダイレクトにつながっているので見たいと思う・見ようとすると、脳が活性化され、本当に見えるようになります。ですから、家の中を「見たい」「楽しい」で満たすというのが、女の子の見る力を伸ばす第一歩です。

かといって、子どもが喜ぶから好きなものを山のように与えなさい、という意味ではありません。愛着がわかないものは、すぐ飽きてしまい意味がありません。

例えば、筆記用具を一緒に選んで好みのシールを貼ったり、レッスンバッグは好きな生地を選んで手づくりしたりすれば、使うたびに感情系や記憶系も刺激されます。

とくに身近な物・よく使う物は、子どもが大事に使いたくなる、テンションが上がるものをそろえていくといいでしょう。

●親が「見せたいもの」を選んでおくのも手

子どもが「見たくなるもの」以外には、親が「見せたいもの」を選んで周りに置いておきましょう。

おすすめなのは、美しい絵や写真など視覚刺激になるもの、自分のことを振り返ったり記憶をたどれるもの、憧れを呼び起こすもの、明るい未来を感じられるものです。

- **子どもの小さな頃の写真**
- **家族旅行の写真、お土産のキーホルダーなど**
- **有名人やスポーツ選手、アイドルなどのポスター・写真など**
- **将来なりたい職業のグッズなど**
- **外国の風景や世界遺産など、行ってみたい場所の写真**
- **絵がかわいい絵本、写真が美しい雑誌や図鑑など**

こういうものを置いておくと、何度も目にすることで、知らないうちに「視覚的な経験」を積んでいることになります。そして、それが話題になったり、他の場所でそれを見かけたりすると、視覚記憶が呼び起こされます。そこから、理解系で呼び起こされた映像を分析し理解を進めて、思考系で比べたり考えたりするなどし、視覚を起点に脳が広く深く使われることになるのです。

そして、飾ってあるものをときどき親子が一緒に手にして、それについて話したりすると、より効果的。親子で共通のものを同時に見ると、記憶は深まる上、子どもの「見方」も育ちます。

●「見たくないもの」から、子どもを守ろう

女の子の「見る力」が弱くなる原因として、「見たくない」「見る必要がない」ものがたくさんある環境に置かれている、というものもあります。

「見たくないもの」は、脳の活動を全般的に抑制します。

脳は、日中、いろいろな体験をするために、覚醒度を上げようとしています。しかし、

見たくないという意識は、この働きを抑制するので、脳の中で矛盾が起きるのです。

子どもが「見たくないもの」の代表が、夫婦ゲンカやＤＶです。

そもそも親の表情は、子どもの脳の「教科書」のようなもの。自分の取るべき態度や行動を決めるときに参考にする大切なシグナルです。

また、脳には、顔細胞と呼ばれる、顔によく反応する細胞があります。人間は、赤ちゃんのときから、体の手足などよりも、人の顔を多く見ています。この結果、脳は「見た回数」の多い顔や表情に強く反応するようにできあがっていくのです。

それなのに、両親が怖い顔でいがみ合っていたり、しょっちゅう口論を繰り返していたり、お互い無視するような生活を送っていたら……。

子どもはそんな親の顔を「見たくない」と強く思うため、視覚系脳番地の働きはストップします。嫌だ・怖いという思いで感情系脳番地ばかりが活性化することで、他の脳番地の働きも阻害してしまうのです。

さらに、現代は情報過多なので、不必要なものを「見せない」努力も必要です。

インターネット上の暴力的なもの・不道徳なものを見せないなど、見ていいものを親がある程度制限することは、子どもの脳にとって大切。また、門限を決めること、それを守らせることも必要でしょう。

子どもたちは大きくなるにつれて、親の目の届かないところで、たくさんの「悪いもの」に接するようになるでしょう。けれど、小さいときからよいもの・正しいものに触れさせ、それを視覚記憶としてとどめておけば、必ずそれが選択・判断の基準となり、それらの悪いものから身を遠ざけられるはずです。

子どもからネガティブ因子を排除することは、親の目の届く小さな頃にしかできません。幼い子どもの脳には、ポジティブな映像記憶を定着させることが重要。それにより、「見たい」気持ちが生まれ、将来に対する前向きな姿勢が養われていきます。

家の外にも「見に行きたい」場所をつくる

見る力を育てるためには、家の外にも「見たい」対象があるのが理想的です。庭で植物を育ててお世話をしたり、近所の家の木に実がなるまでを観察したり、公園の池の生き物の成長を見守ったり、毎日ベランダから星を眺めたり……。

今、子どもたちが「見に行く場所」は、ゲームやパソコンの画面の中になっていますが、それはとても残念なこと。その行為は「見る」ではなく、商売上手な大人に「見させられている」だけです。

私自身の実家は海と山に囲まれているので、海岸にも、裏山にも秘密基地をつくったり、小鳥の巣、池の魚、野山の花など、見に行きたい場所がたくさんありました。

大人になった今でも、実家に帰っては、子どもを連れて秘密の場所を訪れます。


子どもの見る力を育てるには、自分から「見たい」「見に行きたい」と思い、足を動かすことが何より大切。現代の暮らしでは難しいこともあると思いますが、子どもが、日々の変化や季節の移ろいを目や肌で感じられる場所をぜひ見つけてみましょう。


いかがでしたでしょうか。女の子の「見る力」は、家庭や親次第でぐんぐん伸びていくことを、わかっていただけたと思います。

女の子の持ち前の「聞く力」に、家で伸ばした「見る力」が加わると、まさに鬼に金棒。判断力や決断力が増し、物事に臨機応変に対応できるようになり、「総合的な人間力」がアップするのです。

「見る力」は、女の子の今の困り事や心配事を解消するだけでなく、女の子の幸せな人生を支える礎《いしずえ》になります。

「脳の見る力」は何歳からでも育てることができます。

ぜひ、次章からの内容も参考にして、親子で「見える脳育て」をスタートしてください。

第4章

見える脳の育て方

親子の習慣編

習慣を変えると、「見る力」が伸びる！

女の子は男の子に比べ、脳内の「視覚系脳番地」の働きが弱いのが特徴。そして、脳は、苦手な脳番地があると、そこをなるべく使わずラクをしようとし、得意な脳番地ばかり使う傾向があります。そのため、放っておくと、より一層苦手な視覚系脳番地を使わない暮らしをしてしまう可能性があります。

ですから、女の子の「見える脳」を育てるためには、今までの生活を見直して、休んでいる視覚系脳番地に刺激を与えることが大切。それまで偏った脳番地の使い方をしていたとしても、毎日の習慣を変えて、新しい経験をすれば、眠っていた脳番地が目覚めたり、つながっていなかった脳番地同士がリンクしたりし始めるのです。

ここからは、そんな女の子の「見る力」を育てるために取り入れたい「生活習慣」

を紹介していきます。習慣の内容は、就学前後の年齢（4〜10歳）の女の子を想定していますが、小さなお子さんの場合はできることだけで構いませんし、それより大きなお子さんがやっても、もちろん遅すぎることはありません。

そして、**習慣を実践する上で大切なことは、女の子が目を向けているときに、お母さん・お父さんが、必要以上に「しゃべりすぎない」こと。**

生まれつき聴覚系脳番地の働きが強い（聞く力が強い）女の子は、言葉による情報集めが得意です。ですから、何か行動を起こす際に、大人が事細かに詳しく説明してしまうと、言葉による理解ばかりが進んでしまい、「自分の目で見て情報をキャッチする」という力を鍛えることができなくなってしまいます。

子ども自身が目を働かせ、言葉にならない情報を集めることができるように、周りの大人は、言って聞かせるのではなく、自らがやってお手本を見せましょう。

そして、「よく見てごらん」「何が見える？」「どこが違う？」など、よく見なければわからない、しっかり観察しなければ答えられないような声かけをしてください。

これを続けていけば、「目で見て情報収集するクセ」が脳に染み込むはずです。

1 「かわいいもの探し」を習慣にする

育つ脳番地 **視覚系**＋思考系

女の子は視野が狭かったり、動くものを追いかけて見ることが苦手な傾向がありますが、その代わり、手元の細かいものを見たり、目の前の色の違いを見分けたりすることはわりと得意です。また、かわいいもの・愛らしいものを好む傾向もあります。

ですから、「見て探す練習」として、毎日の生活の中に、親子で「かわいいもの探し」をする時間を設けてみてください。前頭葉の視覚系や思考系脳番地がよく刺激されます。

例えば、毎朝出かける準備が終わったら、お母さんと子どもが向き合って、

母「今日はヘアゴムとTシャツの色が合っててかわいいね！」

子「ママは髪がツヤツヤでクルンとしててかわいい♪」

などと、お互いにかわいいポイントを探していい合ったり。

または、子どもが家に帰ってきてから、

「今日は○○ちゃんが持ってたハンカチがかわいかった～」
「あの曲がり角に、すごいかわいい猫ちゃんがいたの！」

などと、今日見たかわいいものを報告してもらったり。

できれば時間を決めて、毎日できるようになるといいですね。

これを習慣にできたら、かわいいもの、キラキラしたもの、憧れを呼び起こすようなものを自分で積極的に探すようになります。「もっと見たい」と思い、世界を見るようになるので、思考系脳番地が覚醒し、視覚系脳番地もぐんぐん伸びていくでしょう。

2 その日着る洋服を一緒に選ぶ

育つ脳番地 **視覚系**＋**聴覚系・理解系・記憶系・感情系**

女の子は、早いと2～3歳くらいから着るものを自分で選びたいという気持ちを持ち始めます。そんな自我の芽生えとともに、「あの服がいい！」「これはイヤ！」と主張が強くなり、着替えさせるだけでも大変……というご家庭もあるでしょう。

でも、実は自分の着る服を自分で選ぶということは、女の子が苦手になりがちな「見て、自分に似合うか、気に入るかを考えて決める」つまり、「見て決める」練習にもってこい。ですから、子どもが着る服や履く靴を気にし始めたり、おしゃれに興味を持ち始めたりしたら、ぜひ自分でお洋服を選ばせましょう。

しかし、小さな子ども一人に洋服選びを任せてしまうと、上下の組み合わせがおかしかったり、全身ピンク一色になったり、季節感のない服を選んでしまったり……ということがよくありますよね。

そんなときは、ぜひお母さんが手伝ったり、親子で一緒に服を選んだりしてみてください。

服を選ぶ際には、まず天気予報を見て、自分の住む地域の天候や気温を把握し、長袖がいいのか、半袖がいいのか、重ね着をするのか……などを考えるでしょう。

また、外遊びのときはズボン、お出かけのときはスカート、体育の授業があるから着替えやすい組み合わせ、習字のときは汚れてもいい服……など、ＴＰＯやその日の予定に合わせてコーディネートを考えることもあると思います。

そういったあらゆることを自分で見て、考えて、想像して、決定していくまでのプロセスを、子どもと一緒に進めていくのです。

この作業を習慣にできれば、視覚系脳番地の他、洋服を探しているときには理解系が、選ぶときには記憶系や感情系が働き、背側視覚ルートと同時に腹側視覚ルートも刺激され、広く脳が使われるようになるでしょう。

このとき大切なのは、**子どもの選んだ服を頭ごなしに否定しないこと。**子どもの意見をきちんと聞くことで自己肯定感を下げずに済みますし、その後「お母さんはこう思うよ」と伝えれば、人の意見にも耳を傾けられる素直な脳に育つはずです。

3 鏡で全身をいろいろな角度から見る

育つ脳番地 **視覚系**＋理解系・運動系

女の子は、頭の中で物体が回転する様子をイメージする「メンタルローテーション能力」が低くなりがちである、と66ページでお伝えしました。

この頭の中でイメージする力が持てないと、折り紙を見本と同じように折ることが難しかったり、算数の図形の問題で苦労したり、地図を読むことが難しかったりと、生活や勉強で困ることが多くなります。

そこで、メンタルローテーション能力を鍛えるためにおすすめなのが、自分の姿を鏡（できたら姿見）に映していろいろな角度から見る、という方法。洋服を着たら、鏡の前に立ち、ゆっくりと一周しながら、自分を眺めてみるのです。

いつもは自分の正面の姿しか見ていなかった女の子も、横から見てみたら「リボンをきちんと広げたほうがかわいいな」と気づいたり、後ろ姿を見て「Tシャツの裾が出てる」と気づいて直したりするかもしれません。髪型をアレンジした日なら、どんな角度から見てもかわいく見えるよう、親子で工夫してみるのもいいですね。後ろ姿が見えにくい場合は、大人が後ろでもう１つ鏡を持ち、映して見せてあげてもいいと思います。

鏡がないというご家庭は、正面以外の角度からスマホで写真を撮って、見せてあげてもＯＫ。横顔や後ろ姿など、いつもと違う自分の様子を真剣に見ることでしょう。

実は、メンタルローテーション中、脳内では、視覚系・理解系の他、「運動系脳番地」も活発に働いていることがわかっています。なぜかというと、頭の中で物体をくるりと回転させるイメージ操作の元になっているのは、自分自身が物体の周りを巡って別の角度から眺めている感覚だからです。実際に体を動かして、視点を移動している感覚が、脳番地の働きにもしっかり反映されるのですね。

ですから、この「自分の姿をいろいろな角度から見る」という習慣は、メンタルローテーション能力を高める練習にぴったり。何度も繰り返すうちに、視点の移動や立体的に捉える感覚をつかみ、脳を広く使えるようになっていくはずです。

4 思い出写真を見返す

育つ脳番地 **視覚系**＋記憶系・感情系

子どもの成長記録や旅行などの思い出を写真に残しておきたいと、スマホのカメラでシャッターを切る回数が増えている親御さんは多いと思います。でも、撮った写真をアルバムにまとめている方は、意外と少ないのではないでしょうか。スマホやパソコンにデータを入れたまま見返さない……という方が大半でしょう。

実は、この「写真を見返す」という行為は、女の子にこそ必要な習慣。見る力が弱い女の子は、思い出を場面（視覚記憶）で覚えておくことが苦手なので、写真を見返すことで、出来事やそのときの感情などをスムーズに振り返ることができます。

そして写真を見返せば、行った場所や遊んだ状況をいつでも思い出せるだけでなく、自分がどれだけ大きくなったか、どれだけできるようになったか、どんなに大事に育てられているか、ということも実感できます。

こうしたポジティブな思い出＝「視覚記憶」を積み重ねることで、自己肯定感が高まり、自分に自信を持って人生を歩めるようになっていくのです。

また、家族の昔の写真を見返すことも、脳へのよい刺激になります。例えば、親の若い頃の写真を見ているとき、子どもの脳は、まだ自分が生まれる前のお母さんと、今のお母さんを何とかつなげようとフル回転します。記憶と感情がより鮮明になり、腹側視覚ルートが鍛えられます。

もちろんパソコンやスマホに保存している画像でも同じような効果はあるのですが、プリントすることで、画像が「写真」になり、データが「物」になります。すると、手で持ったり、どこに貼るか考えたり、ページをめくったりすることで、より脳の広い箇所を刺激でき、視覚系脳番地の覚醒度も上がるのです。

5 ほうきと雑巾で掃除をする

育つ脳番地 **視覚系**＋**運動系・理解系**

お子さんはおうちのお手伝いを何かしているでしょうか？

実は、料理、洗濯、掃除など、家事のお手伝いをすることは、「見る力」を育てることにつながります。お母さんの行動・しぐさなどを「しっかりと見て、まねすること」は、言葉に頼りがちな女の子の視覚系脳番地を鍛えるのにもってこいなのです。

家事の中でも私が一番おすすめするのは掃除。しかも、**「ほうきで掃く」「雑巾で拭く」**という昔ながらの掃除方法が、より多くの脳番地を鍛えてくれます。

ほうきを使った掃除では、ゴミがたまった場所を探すため、目がセンサーのように働き、視覚系脳番地を刺激。玄関先など外の掃除の場合は、ゴミの種類によって、砂なら細かく、落ち葉などの場合は大きくなど、ほうきの動かし方が変わります。室内の掃除の場合は、畳なら目に沿って、フローリングなら傷つけないよう優しく掃くなど、床面のタイプに合わせるでしょう。このような目から入った情報を分析するのに理解系脳番地が、その分析結果を行動に移すのに運動系脳番地が活発に働くのです。「両手・両足を使いながら見る」という雑巾がけも、左脳と右脳にとてもよい刺激を与えます。しかも、足腰を使い、移動しながら床を見るので、女の子が苦手になりがちな空間認知を司る背側視覚ルートが鍛えられます。また、きれいにした箇所と、まだ汚れている箇所を比べて、目で確認できるのもよいポイント。「見て気づく」「比べて違いがわかる」というのは、脳の見る力が成長している証です。

　このように、自分で掃除をして「きれいになった！」と感じられると、「もっときれいにしたい」「きれいにするには、どうしたらいいかな？」と考えるようになり、掃除の精度を上げようと、目でしっかり見て情報を集めるようにもなります。

　その他の家事では、**「食事の盛り付け」**も見る力を育てます。おかずなら、きれいに美味しそうに盛り付けるために工夫しよう、ご飯なら、家族によって多め・少なめなど加減しよう、などと「目で見て考えて行動する」からです。また、誕生日などでホールケーキを食べる機会があれば、ぜひ切り分けにチャレンジさせましょう。丸い物を均等に切り分ける経験は、視覚系と理解系脳番地を大いに刺激します。

6 一緒に空を見上げる

育つ脳番地 **視覚系**＋伝達系・理解系

「遠くを眺める」というのは、視野が狭くなりがちな女の子にとって、とてもよい脳トレなのですが、それにプラスする形でおすすめしたいのが「空を見る」という習慣。しかも、「親子で一緒に空を見上げること」をたくさん経験してほしいのです。

空を見ると、雲の形・動き・色などがわかるだけでなく、太陽の光の具合、風の強弱・方向、温度や湿気なども感じることができます。このような「体で感じること」「皮膚感覚」を子どもに残すことはとても大切。幼い頃に伸ばしておくべき右脳の力は、こうした言葉にならない生の情報をたくさん入れることで発達していくからです。

小さなお子さんの場合は、一緒に空を眺めて、空の色や雲の形などについてお話ししましょう。「今日はとっても空が青いね」「雲がオレンジ色になってきた～」「あの雲、○○の形みたい！」など、お互いの感想をいい合えれば十分です。見たことを伝える力がつき、伝達系脳番地が成長します。

私自身は幼い頃、日本海の真上に広がる雲が、本物の「龍」に見えて、大興奮で家族と話したことを覚えています。そういう楽しい、視覚的な思い出も残せるといいですね。


小学生くらいになったら、空を見てわかる現在の状況、また今後の天気はどう予想できるかなど、いろいろなことを話してみましょう。「雲がこういう動きをしているから、もうすぐ雨かな」「きれいな夕焼けだから明日は晴れそう」など、先回りして教えすぎない程度に話すのがポイント。そのとき子どもは、空を見ているだけでなく、大人が「どう見ているか」、その様子も見て、感じています。右脳の視覚系と理解系脳番地がぐんぐん伸びていくでしょう。

もちろん、毎日が難しい場合は週末だけでもいいですし、日中の空を見られない場合は、夜の空を眺めるのでも構いません。庭やベランダに出てみたり、窓から夜空を眺めたり。親子で星の色や大きさ、星座の種類、月の模様や形について語るというのもいいですね。忙しい毎日だと思いますが、ぜひ時間をつくり、空を見上げましょう。

7 家族みんなの靴をそろえる

育つ脳番地　**視覚系**＋**理解系・運動系・記憶系**

成長が早い・きちんとしているといわれる女の子ですが、意外と「お片付けをしたがらない」「整理整頓が上手にできない」子も多い、というお話を第1章でしました。

これは、分類・整理、空間認知を司る右脳の視覚系・理解系脳番地が未熟で、必要なものと不必要なものを分けることや、物をスパッと捨てることができなかったり、「ここに置いたらうまく収まりそう」と空間を見てイメージすることができない、というのが原因です。

そこで、女の子の右脳の視覚系・理解系を同時に育てるのにおすすめなのが、玄関で「家族みんなの靴をきれいにそろえる」という習慣。いきなり部屋の片付けや整理整頓はハードルが高いですが、玄関は、家族の誰もが必ず通る場所で、目につきやすく、動作も簡単なので、片付けのはじめのとっかかりとしてちょうどいいのです。

また、「次に履きやすいように脱いだ状態と逆向きにそろえる」という行為は、視点の移動を伴うので、メンタルローテーション能力を鍛えることにもつながります。

さらに、自分の靴だけでなく、家族みんなの靴、というのもポイント。自分の靴なら家に入るとき一度だけそろえれば終わりですが、家族みんなの靴だと、誰かが帰ってくるたびにそろえる必要があるため、常に玄関に気を配らねばなりません。

その結果、毎日玄関をよく見るようになり、「ゴミがあるから拾わなきゃ」「いつも弟の靴は脱ぎっぱなしだな」「濡れている……雨が降ってきたのかも」など、玄関の様子や靴の状態などに対し、「観察する力」がついていきます。これは片付けや整理整頓ができる脳になるための第一歩です。

また、続けていくと、靴をそろえるときに「お父さんは先に会社へ出るから、出やすい位置に置いておこう」など、先読みして動けるようになる子もいます。このような気遣い・気配りまでできるようになるときには、視覚系・理解系の他、運動系や記憶系の脳番地まで、広く脳を働かせられるようになっているでしょう。

もちろん、はじめはそこまでできなくても大丈夫。子どもが進んでみんなの靴をそろえてくれたときは、大いに褒めてあげてください。

8 子どもにコースを決めてもらい、親子でお散歩する

育つ脳番地 **視覚系**＋**運動系・理解系・記憶系・思考系**

女の子の中には、方向音痴になったり、地図を読むのが苦手になりやすい子も多いのですが、これは、物の位置・向き・高さなどを把握したり、記憶する空間認知能力が弱いことに原因があります。

これらの力が弱いままだと、出かけた先で自分がどこにいるのかわからず迷子になったり、自分と自動車との距離がつかめず事故にあったりするかもしれません。ですから、子どものうちにできるだけ、それらの力を身につけておくと安心です。

そのためにも習慣にしたいのが、親子での「お散歩」です。

ただ、親の後ろをついていくだけではこの力は養われないので、子どもがコースを決め、主体的に経路をたどる経験を積むことが大事。「この先には何があるんだろう」

「こっちに行ってみたい」と自主的に考えて動くと、位置や方角、経路を覚える必要性が出てきますし、見て情報を集める力も高くなります。こうした経験が、見る力を伸ばし、のちの方向感覚を養う基礎になるのです。

とはいってもサンプルは必要なので、最初は親が定番の散歩コースを何本か決めてあげてください。家を中心に、東西南北それぞれのルートがあるとよいですね。

一緒に歩いてみると、子どもは思った以上に周りをよく見ていないことに気がつきます。ですから、曲がり角や十字路に出るたびに、目印となる建物などを親子で探して、印象づけるようにしましょう。「ポストが右にあるよ」「ここを曲がったら交番が見えるね」など、目的地に着くまでに周りの景色をよく観察することを脳に覚えさせます。経験を積むと、目印の捉え方、方向の見定め方などが身につくはずです。

慣れてきたら、子どもにコースを決めてもらいましょう。きっと、空間認知を司る脳番地たちをフル回転させ、脳内で今まで通った道を思い浮かべたり、つなぎ合わせたりして、それを元に歩き出すはず。さらに、歩きながら道を決めると、思考系脳番地も刺激され、女の子が苦手な「見て判断する力」が自然と鍛えられるでしょう。

9 生き物、植物などのお世話をする

育つ脳番地 **視覚系**＋感情系・聴覚系・記憶系

私の家では犬を飼っているのですが、彼は言葉がなくても、常に飼い主や家族の動きを見て、行動しています。私の仕事が済んだのを確認してからおやつをもらいに来たり、息子がいつもより寝坊していたら起こしに行ったり。言葉を交わさなくても、きちんとやり取りができているし、愛情も十分伝わるのでいつも感心しています。

同じように人間側も、動物をよく見る必要があります。動物はお腹が空いたり、のどが渇いたりしても、しゃべって教えてはくれません。そのため、よく観察して、状況を把握したり、状態を想像したり、また鳴き声の変化などにも注意してお世話をする必要があります。ですから、犬や猫、小鳥や金魚、虫などの生き物を飼うことは、女の子にとって「見る力」を育てる、素晴らしい経験になるでしょう。

お花や草木などの植物でも同様です。生き物を飼うのが難しい場合は、ぜひ朝顔や

ひまわりを育てたり、観葉植物を部屋に置いたり、家庭菜園をしたりして、女の子に「命あるもののお世話をする」という体験をさせてあげてください。自分が毎日きちんとお世話をしないと枯れてしまうということを知れば、より一層観察して、お水をあげたり、日当たりを考えたりするようになるでしょう。毎日植物を観察していると、視覚記憶の力が鍛えられ、変化の様子もわかるようになっていきます。

子どもが植物を観察していたら、「昨日と比べてどう?」「何か違うところはある?」など、声かけをしてみましょう。「新しい葉っぱがある」「つぼみが膨らんできた」「つるが少し伸びた」など、前日との違いに1つでも気づくことができれば十分。続けることで、脳の見る力はぐんぐん伸びていくでしょう。

10 親戚の家、実家、お友だちの家に遊びに行く

育つ脳番地 **視覚系** ＋聴覚系・伝達系・記憶系

現代では、人との付き合いが減っている傾向にあるので、子どもの頃はできるだけ、親の実家や親戚の家などに行く機会をつくりましょう。難しければ、お友だちとお泊り会をするのもいいと思います。

よそのおうちには、自分の家には存在しないものがあり、普段見ないものが見られるので、ダイレクトに視覚系脳番地が刺激されます。

祖父母や親戚の家にはレトロな家具や古い家電など、お友だちの家には初めて目にするおもちゃや絵本など、子どもの興味をそそる物がたくさんありますよね。そのような「見慣れていないものを見る・触る」という行為は、視覚系と記憶系脳番地をフル回転させてくれます。年数回、実家へ帰省するのであれば、毎回同じ場所に時期を変えて行くことになるので、季節や環境の変化を目で見て気づきやすくなります。

また、自分とは異なる習慣を持った人たちとの交流も、子どもの脳を大いに刺激します。お料理に入っている食材や食事の作法、お風呂の入り方に布団の敷き方……その家独自のルールに触れることは、新たな視点を持つきっかけになります。そして、地域が変われば、家の周りや近所の様子も違うはず。散歩して、自然の様子や町並みの違いを観察することも、見る力を育ててくれるでしょう。

さらに、普段あまり交流することがない世代の人たちとコミュニケーションが取れるというのも魅力。お母さん・お父さんとは違うしぐさや話し方に接することで、視覚系・聴覚系だけでなく、伝達系脳番地も刺激されます。

もし家に行くのが難しい場合は、オンラインで会うのでもＯＫ。

「今日は雲がかかっていて山が見えないな」など気候の話をしたり、「○○くんランドセル買ってもらったよ」など、従兄弟や親戚に関する話を聞くと、実際は目にしていなくても、想像やイメージを司る右脳の視覚系と記憶系が刺激され、鍛えられていきます。

見る力が育つ！　眼球じぐざぐエクササイズ

眼球を大きく回すと、前頭葉にある視覚系脳番地が鍛えられます。ここは、意図的に眼球を動かすためにある脳番地。ここの働きが高まると、自分で主体的に、見たいものに目を向けられるようになります。また、目がよく動くようになったり、視野が広くなったりと、日常生活でもいいことがたくさん。ぜひ、親子で一緒にエクササイズに挑戦しましょう。

上のイラストのように、窓などの四隅を、視線だけで右上、右下、左下、左上、右上……と順番に見ましょう。顔は動かさず「目だけを動かす」のがポイントです。親御さんと子どもで「どっちが上手に早くできるかな？」と競争してみてください。

第5章

見える脳の育て方

親子の遊び編

「見える脳」は「遊び」の中で鍛えられる

人間の脳は「楽しい」と感じる際にどんどん働き、そのときに行っていることを「得意である」と認識します。このとき、実際の上手・下手は関係ありません。

ですから、女の子の脳の「見る力」を高めたいなら、視覚系脳番地を使う作業を「楽しい」と思わせてしまえばいいのです。そのためには、見るという行為を「遊び」の中に組み込むのがおすすめ。「見ざるをえない遊びを楽しんでやる」のがベストです。

ここからは、その「遊び」の方法を、具体的に紹介していきます。

本書で紹介する遊びの大半は「見て手を動かす」「見ながら走る」「見て話す」など、「見ること」と「動くこと」がセットになっています。

実は、脳に「楽しさ」を感じさせるには、情報のアウトプットを担当する前頭葉を刺激するのが効果的なのです。

前頭葉が刺激されるのは、自分で感じたことを、実際に体を動かして表現したとき。そのため、「ただ見るだけで終わらせず、何か行動に落とし込める遊び」を紹介できるよう心がけました。

紹介する遊びは10個ですが、もちろん、10個全部やる必要はありません。子どもが喜んでやる遊びは、ぜひ繰り返しやりましょう。子ども自らが「もっとやりたい」と思って、遊びに没頭することが見る力を育てるのに何より大切です。

子どもと遊ぶときに、親御さんに大切にしてほしいポイントがあります。

○大人も一緒になって遊び、楽しんでいる姿を見せること
○結果のよし悪しにこだわらず、子どもが取り組む姿をまるごと受け止めること
○子どものことをしっかり見て、大いに褒めること

このやりとりが、子どもの喜びや満足感となり、次への意欲につながります。逆に、少しでも「面倒だな」「つまらないな」と感じたら、子どもの脳は働かなくなってしまいます。あくまでも子どもに「楽しい」と思わせるのが遊びの目的。親子で一緒に遊び、脳を働かせれば、見える脳は自然と育っていくはずです。

それでは早速、見る力を伸ばす遊びを始めましょう。

1 一緒に「あやとり」をする

育つ脳番地 **視覚系**＋運動系・伝達系・理解系・記憶系

1本の紐を使って、さまざまな形をつくっていく「あやとり」。昔の遊びというイメージが強いかもしれませんが、最近は指先が器用になるとして、幼稚園や保育園のカリキュラムとして取り入れているところもあるほど、そのよさが見直されています。

脳科学的にいっても、子どもに対する「あやとり」の効果は絶大。大人の指の動きを集中して見ながら、やり方を理解し、自分の指を思い通りに動かす……これは子どもの脳を効率的に、かつ広範囲に刺激する行為です。

脳内では、紐がどのように指にかかっているか見る視覚系、指先を細かく動かす運動系、大人とコミュニケーションを取る伝達系、複雑な形を理解する理解系、完成させるための順序を覚える記憶系と、実に多くのエリアが同時に働きます。これを繰り返すことで、脳番地同士のネットワークがどんどん強くなっていくのです。

また、1本の紐から「さかな」「ちょう」「かめ」などの生き物や、「やま」「かわ」「つりばし」などの景色が生まれる様子に、想像力が養われるのもよいところ。このような「完成形を何かに見立てる遊び」は、右脳の視覚系を大いに刺激します。

さらに、あやとりは、紐を取るごとに全体の形が変わるのを認識したり、次はどんな形になるのか予想したり、次々と変化していく形を捉えながら、技が完成します。この過程で子どもは、形の変化の面白さや、紐が長くなったり短くなったりする感覚も体感。つまり、位置・向き・奥行きなど、物を3Dに見ていく空間認知力が育まれるということ。その点でも、女の子の見る力を鍛えるのにぴったりな遊びなのです。

紐を2本用意して、大人が横で実際に形をつくりながら教えていくと、子どもも楽しく、上達しやすくなります。また、子どもが一人でいろいろな形や技にチャレンジするのもいいですが、親子で順番に取り合ったり、二人で協力して手品のような技に取り組んだりすると、コミュニケーションも取れるので、なおいいと思います。

両手を使うので右脳と左脳を同時に刺激しますし、複雑な指の動きは大人の脳も活性化してくれます。親御さんご自身の脳の健康のためにも、ぜひ試してみてください。

あやとり技「おもちつき」にチャレンジ！

大人と子どもで向かい合ってできる「おもちつき」は、初めてのあやとりにぴったり。二人で協力して、紐を取り合い、遊んでみましょう。

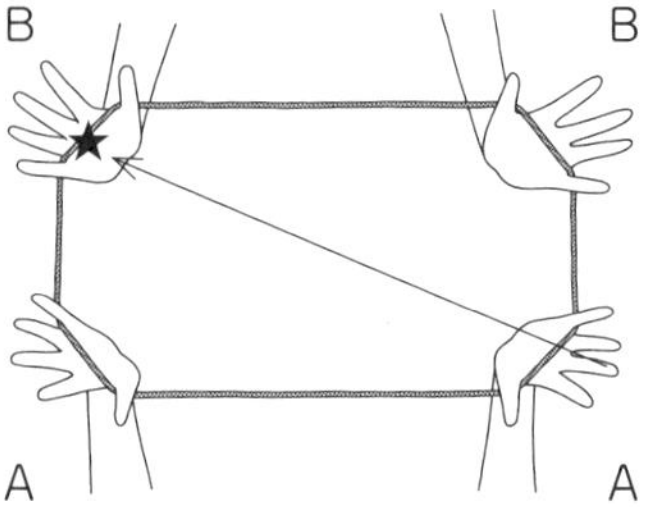

1

それぞれの両手に紐をかけて、イラストのような形をつくります。Bさんの手のひらにかかっている紐を、Aさんの右手の中指で取りましょう。

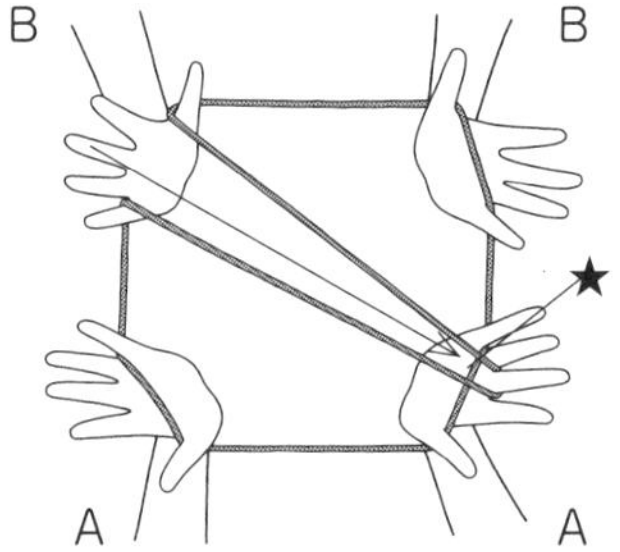

2

次に、Aさんの右手のひらにかかっている紐の★の部分を、Bさんの右手の中指で取ります。

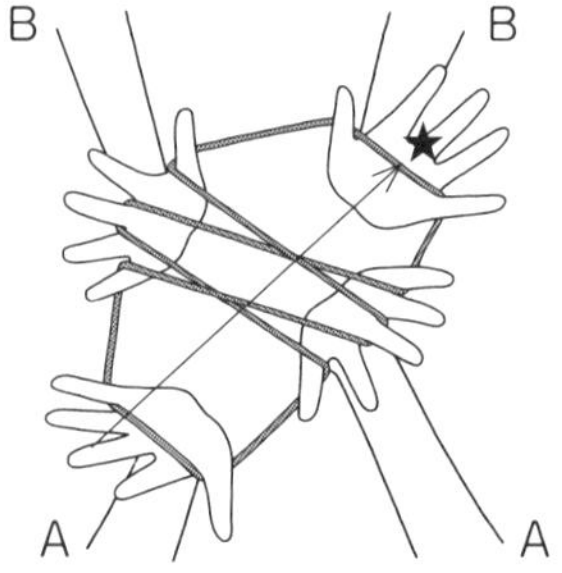

3

1．2と同じように、それぞれの左手中指で紐を取り合います。

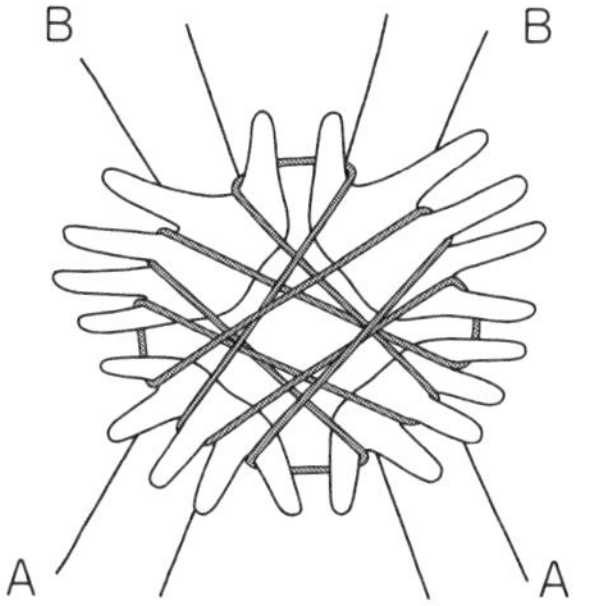

4

お互いの中指・親指・小指に紐がかかり、イラストのようになります。

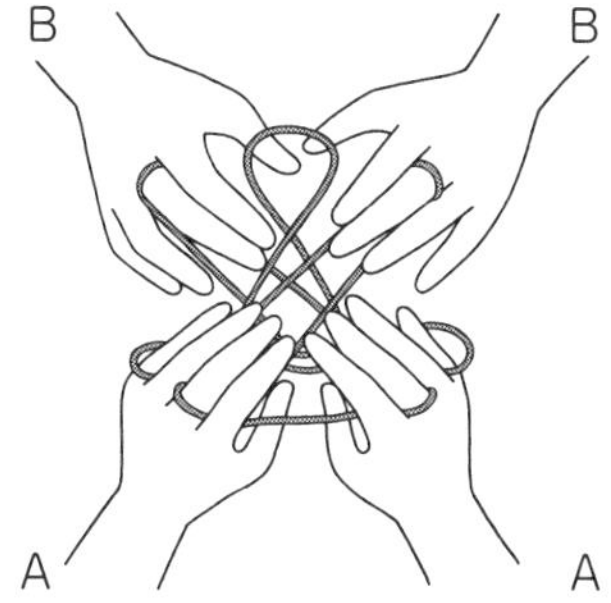

5

中指だけ紐を残し、親指と小指の紐はぜんぶはずしましょう。

やったね！

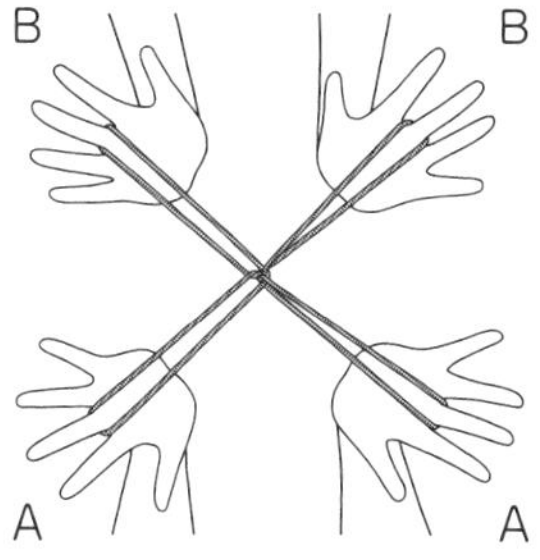

6

これで、おもちつきができる状態になりました！

ペッタンしてみよう！

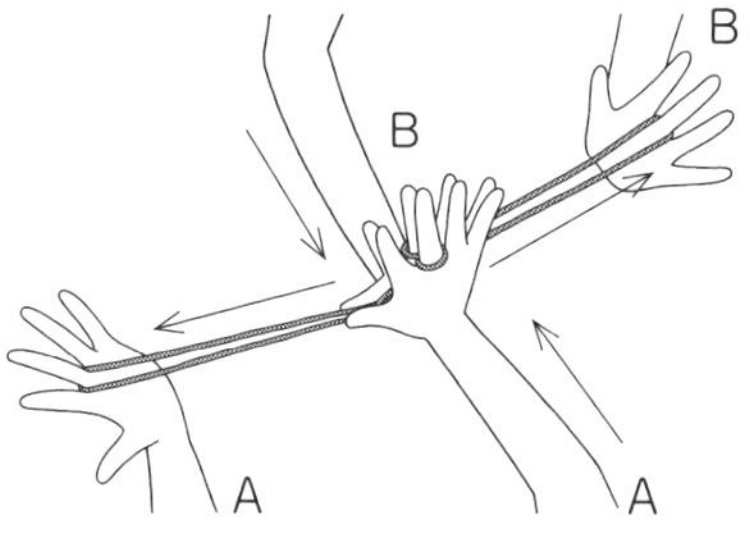

7

6の状態から、お互いの右手同士を合わせてペッタン、お互いの左手同士を合わせてペッタンしてみましょう！

2 「ティッシュペーパーボール」でボール遊び

育つ脳番地 **視覚系**＋運動系・思考系

視覚系脳番地は脳内に2カ所あり、そのうち前頭葉にあるほうは、見たいものを見るため、眼球へ指令を出す脳番地です。女の子はここの働きが弱いことが多く、眼球がうまく使えず、上下左右に視線をスムーズに動かしたり、遠近に素早くピントを合わせたりするのが苦手になりがち。

そんな眼球運動を促す視覚系脳番地と、実際に目を動かす外眼筋を鍛えるためにおすすめなのが、ティッシュペーパーを丸めてつくったボールを使った遊びです。

まず1つ目は「両手キャッチボール」。片方の手でティッシュペーパーのボールを高く上に上げて、反対の手で受け取ります。眼球をうまく動かし、ボールを目で追うことができないと、投げた瞬間に見失い、まるで〝消える魔球〟になってしまいます。

また、ボールが上がって下がる軌道を見て、落ちてくる場所を予測し、手を出して

ボールをつかむという行為は、視覚系と運動系脳番地の連携を強めてくれます。

そして2つ目は「かごシュート」。離れた場所にかごを置き、そこにティッシュペーパーのボールを投げ入れて遊びます。投げるというのは、手元のものが遠くへ行くということ。その瞬間、目（視覚系）と手（運動系）はもちろん使っていますが、実は「近くを見るのをやめて、遠くを見よう」と頭を切り替えるために思考系脳番地も働いています。慣れてきたらかごの位置を離したり、高い場所に置いたり、いろいろ工夫してみてください。難しければ、まずは新聞紙やチラシなどでつくった大きなボールでやってみてもよいでしょう。

3 動物園・水族館・お祭りなどに行く

育つ脳番地 **視覚系**＋他7つの脳番地

女の子が家族と一緒に遊びに行く場所としておすすめなのが、動物園や水族館。また、地域でお祭りが開催される場合は、そちらもぜひ訪れてほしいスポットです。

これらの場所は、子どもがワクワクして自ら「見に行きたい」と思うところ。感情系が刺激され、能動的に「見よう」とするので、視覚系脳番地の働きが活発になります。さらに、見たものによって、脳の覚醒の中枢である脳幹網様体が刺激されるので、テンションが上がったりやる気になったりし、より一層見る力が高まるのです。

私も幼い頃から水族館がとても好きで、大人になった今でも世界のいろいろな国で訪れています。大きなサメが向かってきて驚いたり、擬態したタツノオトシゴに感心したり、ふれあいコーナーで実際に生き物に触ったり。さまざまな種類の視覚情報が目から脳へ入ってきて、視覚系脳番地がバランスよく刺激されるのが魅力です。

また、女の子が脳の見る力を鍛える上で、「動きを観察する」のはとても重要。ゲーム等にも動きはありますが、単調で予測がつき、見方のバリエーションが偏ります。その点、動物園や水族館、お祭りなどで目にするものは、動きが複雑で予測もつかないものばかり。じっくり観察すれば、視覚系脳番地が鍛えられるはずです。

さらに、それらのスポットに「行く前」と、行って見た「現場」、行ったあとの「帰り道」では、それぞれ脳の使い方が違うというのも興味深いところ。

行く前には、これから見る動物や魚のことを話したり、図鑑で見たりして、頭の中で想像しますよね。あれこれ考えて、「見たい！」と思うので思考系脳番地が優位になります。

行った現場では、目の前のものを一生懸命に追いかけて、見たり聞いたりするので、視覚系とともに運動系や聴覚系の脳番地が活発に働きます。

そして帰り道では、見たものを頭の中で再現したり、人に話したくなるので、記憶系、伝達系の脳番地が活性化。見る前よりイメージのクオリティも確実に上がります。

これを繰り返すことで、視覚系脳番地と他のさまざまな脳番地とのネットワークが強化されていき、脳を幅広く使えるようになっていくのです。

4 かくれんぼ・迷路遊びをする

育つ脳番地 **視覚系**＋理解系・運動系

「もういいかーい？」「もういいよー」とやりとりし、鬼が隠れている人を探し当てる「かくれんぼ」。工夫をこらして隠れるワクワク感、見つかるのを待つドキドキ感……子どもの頃にぜひ体験してほしい遊びですが、最近の子どもたちは、あまりやらないよう。でも実はこの「かくれんぼ」、見る力を大いに高めてくれるのです。

隠れるほうは、自分の体の大きさに合わせて隠れやすい場所を探したり、鬼の動きや目線を考えて見つかりにくい場所を探したりするので、空間認知力や視覚情報からの発想力が鍛えられます。

また、鬼になった場合は、「ここにいるかな」と見えていないものを想像したり、相手の動きや過去のパターン等から隠れ場所を推測したりするので、視覚情報から想像する力や推理する力が鍛えられます。しかも、自分が「動きながら見る」ので、理解系や運動系脳番地もフル回転。見ながら考える、見て判断する、という女の子が苦手になりがちな脳の力を遊びながら高めることができるのです。

そして、特別な遊具や道具等を使わないため、手軽にできるのも高ポイント。はじめはお母さんと家の中で、慣れてきたら家の周りで、何人かで遊べるときは公園でとだんだん広い場所でできるようになると視野も広がります。さらに、かくれんぼから「缶けり」等に発展すれば、より一層見る力は高まるはずです。

同じように、空間認知力や推測力を高める遊びとして「迷路遊び」もおすすめ。まず、迷路全体を見つめ、スタートとゴールの位置を把握することで空間認知力が鍛えられ、視野を広く持つことができるようになります。

考えながら線を引くので集中して観察する力がつきますし、分かれ道になるたびに「どっちに進もうか？」と見て先を推測しながら、自分で進む道を決めていくので、視覚系と理解系脳番地のネットワークが強固になっていくのです。迷路遊びは、天気が悪い日のおうち遊びのツールとして、また、時間を持て余す病院の待ち時間や移動時のぐずり対策としても活用できるので、ぜひ試してみてください。

5 家族で「物まねごっこ」にチャレンジ！

育つ脳番地 **視覚系**＋感情系・運動系・記憶系

赤ちゃんや幼い子どもが、親や兄弟などのまねをすることで、さまざまな能力を習得していくように、脳は物まねが得意です。成長してからも、お母さんのまねをして料理を覚えたり、憧れの芸能人のファッションのまねをしておしゃれを覚えたり、きれいなモデルさんのまねをしてメイクを覚えたり……。

この「まねる」という行為には、見ること、つまり視覚系脳番地の働きが欠かせません。そして、まねる対象を覚える際に記憶系が、それを体で表現する際に運動系脳番地が大いに刺激されます。ですから、子どもと一緒に「物まねごっこ」をするというのは、女の子の「見る力」を伸ばすために最適な遊びといえます。

物まねの対象は、アニメのキャラクター、映画やドラマの登場人物、アイドルやスポーツ選手など、好きなものや憧れの人だといいですね。一世を風靡《ふうび》した「恋ダンス」なども、テレビをまねして踊るので、れっきとした物まねです。もちろん、お父さん・

お母さん、兄弟・親戚など、身近な人の物まねでも構いません。口グセ、しぐさ、表情をまねたり、髪型や服装を似せたり、家族それぞれがなりきって遊びましょう。

私が幼い頃、よく妹と一緒にやっていたのは「次郎長ごっこ」。当時流行っていたテレビドラマの『清水次郎長』の物まね遊びです。どちらがより次郎長親分に似ているか競って遊び、子分のまねもしていたので、テレビを見るときも、親分子分の動きのヒントを得るため、一生懸命に見ていました。

このように「その人に近づきたい」「まねしたい」という願望を抱きながらテレビを見ると、自然とまねするために「能動的に見る」ようになります。これが、前頭葉の視覚系脳番地を育てます。

まだ物まねが難しい小さなお子さんの場合は、「にらめっこ」のような遊びでも同じような効果があります。いろいろな表情をつくって笑わせ合ったり、お互いの表情をまねし合ったり。「怒った顔」「泣いた顔」「嬉しい顔」などを見せて、子どもがその感情を当てるような遊びでもいいですね。見た表情と感情を脳で連動させる、「感情を見る」トレーニングにもなるでしょう。

6 親子で「片足立ちゲーム」で勝負する

育つ脳番地 **視覚系**＋運動系・思考系

よく見ることと体のバランス能力には、密接な関係があります。体のバランス能力とは、姿勢を崩さずに維持する能力のこと。人が姿勢を保持するには、視覚情報、感覚情報（足裏からくる感覚等）、前庭系情報（内耳にあり、平衡感覚を司る器官からくる情報）を元に、脳の前頭葉など、さまざまな器官が働くことが必要です。

その中でも視覚にほとんど頼っているために、私たちは目をつぶったときや暗闇の中、高いところに立って周りが見えにくいときなどに、バランスを崩しやすいのです。

そして、子どもが体をバランスよく使いこなすためには、視覚系脳番地の発達が必要不可欠です。例えば、ブランコの立ち乗りは発達上は4歳半くらいでできるものですが、視覚系の発達が遅い子は5～6歳になってもなかなかできません。

とくに女の子は、視覚系→運動系のルートが未熟な傾向があるので、これらの脳番地のネットワークを強化するためにも、バランス感覚を養ったり、体幹を鍛えたりする機会を意識的につくっていく必要があります。

そこでおすすめなのが、家の中で気軽にできる「片足立ちゲーム」です。

まっすぐ立った状態から、ひざを曲げないようにして、片足を後方へ伸ばし、そのまま上に上げていきます。同時に両手は前方へ伸ばしましょう。体に対して足が直角になるまで上げられたら、そこでキープ。どちらが長く立っていられるか、親子で競争しましょう。慣れてきたら、左右の足を交代したり、目をつぶってやってみたりして、難易度を上げてみましょう。

〈やり方〉

1

まっすぐ立つ

⇓

2

足を上げつつ、
両手を前へ。
何秒キープできるかな？

7 「何を描いたかな？」空書遊びで字を当てる

育つ脳番地 **視覚系**＋理解系・運動系・記憶系

視覚系脳番地の「見る」には、２つの種類があります。ひとつは実際に目で、静止しているものや、その物体の動きを「見る」。もうひとつが、現実に見えていないものを、記憶や想像を頼りに「頭の中で見る」です。

この２つの見る力を同時に鍛えられるのが「空書《くうしょ》遊び」。空書とは、実際にペンや紙を使わず、自分の指で空中に字を書くことです。大人でも、「どういう漢字だっけ？」と思い出すようなとき、空中に文字を書いたりしますよね。そのとき、実際に字は書かれていませんが、頭の中では文字が浮かび上がっていると思います。これがイメージする力と記憶力を豊かに伸ばしてくれるのです。

お母さんやお父さんが、空中に文字を書き、子どもがその文字を当てるクイズをしてみましょう。

このとき、書き手の指先をしっかり追って見ることで「追視する力」が、書き終わるまで見続けることで「集中して見る力」が鍛えられます。そして、空書が終わったあと、「見えない像をイメージして答えを考える」ことで、視覚系から理解系、または記憶系への、背側と腹側の2つの視覚系ルートが強化されるのです。

文字を書くときは、ゆっくり、正確に書くのがコツ。はじめは1文字から始めて、数字→かな→漢字など、レベルアップしていきましょう。まだ文字が読めないお子さんの場合は、○や△などの図形や、簡単な絵などを書いて当てるのでもOKです。

また、発展形として、親子でお互いの背中に文字を書いて、当てっこする遊びもおすすめです。こちらは目を使わず感覚だけを頼りにするので、より一層頭の中でイメージする力が鍛えられるでしょう。一人がお尻で文字や記号を描いて、他の人が何を描いたか当てるという「お尻文字遊び」も、家族でやるととても楽しく、見る力を育てることができます。

8 冷蔵庫や本棚で「どこでしょうゲーム」

育つ脳番地 **視覚系**＋**記憶系・伝達系・理解系**

視覚系と記憶系の脳番地をつなぐ腹側視覚ルートが強く成長すると、見たものをそっくりそのまま覚える力が育ちます。人の顔を覚えるのが得意だったり、一度行っただけの場所を覚えていたり、体験したことを「場面」で覚えていたり。目に映ったものをまるで写真を撮るように記憶するこの能力は、主に右脳の腹側視覚ルートの働き。左脳優位な女の子が苦手になりがちな力です。

この力を鍛えるのにおすすめなのが「冷蔵庫」を使った遊び。見たものを一瞬で記憶・保存し、取り出すという訓練を楽しいゲームにするのです。

まず、子どもが一度、冷蔵庫の扉を開け、全体を見て、中に何があるか覚えて戻ってきます。長い時間開けているのではなく「10秒間」など短い時間にするのがポイントです。そして、どこに何が入っているかを当ててもらいます。例えば「サイダーの瓶はどこにあったでしょう？」とか「お豆腐は何段目の棚にあったかな？」という具合。

このとき視覚系と記憶系は**「スケッチパッドファンクション」**という、直前に見た映像記憶を頭に残すという作業を行っています。その後、伝達系脳番地を働かせ、何がどこにあったかを答えるという形で、その記憶をアウトプットしているのです。

ただ漠然と冷蔵庫の中身を見ているときは、何がどこにあるか覚えられませんが、「あとで場所を聞かれる」と思って集中して見たり、「ぜったい当てたい」と能動的に見たりすると、視覚からの記憶力、つまりインプットの力がぐんと高まるのです。

そして、この遊びでは考える時間を長く与えない、というのもポイント。「飲み物だからドアポケットかな」「よく使うから届きやすいところかな」などと考えて答えを出すようでは、映像記憶のトレーニングにはならないからです。

冷蔵庫を使うのが難しい場合は、お部屋の中の物の場所を当てたり、本棚の絵本の位置などを当てたりするのでもＯＫ。繰り返していくうちに、視覚系から理解系につながる背側視覚ルートも鍛えられて、目の前の景色を瞬時に捉えることができるようになっていくはずです。

9 お花一輪をいろんな角度で描いてみる

育つ脳番地 **視覚系**＋理解系・運動系・思考系

女の子は、右脳の視覚系から理解系につながる背側視覚ルートが弱いため、頭の中で物体が回転する様子をイメージする「メンタルローテーション能力」が低い傾向があります。実はこの能力は、学力や生活に関してだけではなく、物事の捉え方や考え方にも波及することがわかっています。

メンタルローテーション能力を測る課題としてよくあげられるのは、見た目が異なる2つの図形を見て、それらが同じ図形か否かを回答するというもの。このとき脳では、頭の中に仮想的にその図形を置き、その周囲を移動して、あちこちから眺めるというように理解を進めています。つまり、物体を違った角度から見るということです。

違う角度からの見え方を想像できるということは、自分とは違う人の考え方を想像できるということにもつながります。

そのような柔軟なものの見方、自由に視点を移動させて思考する力は、女の子が生きていく上でぜひとも身につけてほしい力です。

そのためにもやってみてほしいのが、お花一輪を、いろんな角度から描いてみる遊び。いつも見ている正面だけでなく、真横や後ろなど、いろいろな方向から見て、描いてみるのです。親子それぞれが違うアングルから描いて、見比べるのもいいと思います。同じ被写体を違った方向から、さまざまな角度でたくさん見る、ということを脳に蓄積していくと「物を正面から見た場合と、違う視点から見た場合とでは、違う形状に見える」ということが理解され、脳に染み込んでいくでしょう。

10 テレビや絵本の料理をつくってみる

育つ脳番地　**視覚系**＋運動系・記憶系・感情系

普段から料理をしている人の脳は老けにくいといいます。

料理には、「献立を考える」「洗う・切る」「焼く・煮る・炒める」「盛り付ける」などさまざまな工程がある上、2品3品と同時につくることで、作業はさらに複雑になり、手順も変わります。このような一連の作業の中で脳は常に動き続け、さまざまな脳番地が刺激されます。ですから、親子で料理をするというのは、子どもにとってもお母さんにとっても、素晴らしい脳番地トレーニングになるのは間違いありません。

とくに「見る力」を鍛えるためにおすすめなのは、料理番組の料理を親子でつくってみること。テレビでつくる流れ・動きを見て、その通りに自分でやってみるので、視覚系と運動系が刺激されますし、最後はできあがりの映像に近づけようと思い出しながら作業するので、記憶系脳番地も鍛えられます。

また、子どもと一緒に絵本を読んでいると、美味しそうな料理やお菓子が登場することがありますが、これを実際につくってみるというのもおすすめ。『ぐりとぐら』の大きなカステラ、『しろくまちゃんのほっとけーき』に出てくるホットケーキのタワー、『こんとあき』で二人が食べているお弁当……。絵本に描かれた「見た目」からレシピを想像してつくるので、イメージする力が大いに鍛えられるはずです。

同じように、有名店の味をおうちで再現してみるというのもいいですね。盛り付け方や使われていた食器などを思い出し、似せるよう工夫すれば、視覚記憶の力が大いに伸びていくでしょう。

その他、お母さんがつくってもらっていたおやつなどの「思い出の味」や、お子さんの「好きな給食メニュー」を再現してみるというのもよい手です。できあがりの見た目を頼りに材料を想像したり、味を思い出すことで、視覚系と記憶系が鍛えられます。そして、どんな風にできあがるかな～というワクワク感や、再現できたという達成感に、感情系脳番地も刺激されるでしょう。

おわりに
——家族が見守ってくれたから「見る力」が覚醒した——

私は、空と海を見続けることで「脳の見る力」を鍛えてきました。

日本海の沿岸近い村で育った私は、４歳から祖父の船に乗って育ちました。

祖父と一緒に、船で漁に行きたいので、天候を気にして空を見て、波の高さを気にしては、海を見る日々を過ごしたものです。

朝早く起きれば、すぐに外に出て、空と海を眺めました。雨風が強く、今日は海に出られないとわかると、心底残念な気持ちになりましたが、落ち込んでばかりではありません。すぐに、明日こそは海に行けるかどうか、雲行きを目で追いかけ、風を感じて判断します。

日本海の天候は、時々刻々と変化していくので、一日に何度も外に出て、同じことを繰り返します。祖父だけではなく、祖母にも母にも、天候の行方を聞いて、自己診断と照らし合わせていました。

海へ漁に出たときには、船に寝ころびながら、多様に変わる雲の形を見てときを過ごし、カモメを探したり、波立つ水面を見たりして、いつしか見えない水中まで想像するようになりました。そして、祖父とともに過ごしている間に、波の読み方、大候の見極め方など、見る力を自然に深めていきました。こうして、何よりも好きな海と過ごした結果、小学生の頃には、水面下で魚が動くのを「体感できる」ようにまでなっていました。

今思えば祖父は、まだ４歳の初孫をよく船に乗せてくれたと思います。絶対に守る、という自信があったのでしょう。そして母も、何も見えない夜の海に出ることだけは決して許しませんでしたが、それ以外は自由にさせてくれました。このように、海に夢中になる私を、家族が「広い視野」で見守ってくれていたことを痛切に感じます。

その後、自分の「脳の見る力」が、かなり特殊なレベルまで鍛えられていることには、医学生になるまで気がつきませんでした。

医学生だった25歳のとき、頭部のレントゲン写真を一度見ただけで、ほとんど記憶できていたのです。頭のいい同僚が、なぜ記憶できないのか不思議でした。あるがままのレントゲン写真をなぜ、他の人はすぐに頭に入れられないのか……？

そしてそのとき、授業を担当してくださった指導医が「私が目で見て記憶する様子」に驚愕しているのを見て、「見ることなら何とかやれるかも」と思えたのです。

その後、26歳で小児科医師となりました。医療現場の実に9割は「見る力」が必要でしたので、医師は天職だと実感しました。そして、脳画像から、その人の個性や人生を読み取ることにも成功しました。

ＭＲＩ脳画像診断の新しい分野を開拓し、多くの発見や発明ができたのは、私が幼い頃から鍛えてきた「見る力」のおかげです。

むしろ、「見る力」だけで、脳科学の新しい分野を開拓してきたといっても過言ではありません。

家族愛が「脳の見る力」を育て、子どもの未来を切り開きます。

そのきっかけづくりに、本書が役立つことを願っています。

著者紹介

加藤俊徳　1961年新潟県生まれ。小児科専門医。加藤プラチナクリニック院長。株式会社「脳の学校」代表。昭和大学客員教授。発達脳科学・MRI脳画像診断の専門家。脳番地トレーニングの提唱者。加藤式MRI脳画像法を用いて子どもから超高齢者まで１万人以上を診断・治療。米国ミネソタ大学、慶應義塾大学、東京大学などで、脳研究に従事。2013年、加藤プラチナクリニックを開設し、得意・不得意な脳番地を脳診断し、学習法、適職指導など薬だけに頼らない治療を行う。『男の子は「脳の聞く力」を育てなさい』（小社刊）、『脳の強化書』（あさ出版）、など著書多数。「脳番地」（商標登録第5056139／第5264859）

※著者による脳画像診断をご希望される方は、以下をご覧ください。
・「脳の学校」公式サイト　http://www.nonogakko.com
・加藤プラチナクリニック公式サイト
　http://www.nobanchi.com
　電話：03-5422-8565

女《おんな》の子《こ》は「脳《のう》の見《み》る力《ちから》」を育《そだ》てなさい

2020年11月１日　第１刷

著　　者　加《か》藤《とう》俊《とし》徳《のり》

発 行 者　小澤源太郎

責任編集　株式会社　プライム涌光
電話　編集部　03(3203)2850

発 行 所　株式会社　青春出版社
東京都新宿区若松町12番１号 〒162-0056
振替番号　00190-7-98602
電話　営業部　03(3207)1916

印　刷　中央精版印刷　　製　本　大口製本

ISBN978-4-413-23172-5 C0037